奇蹟に満ちた
教祖若き日の聖業

本山キヌエ
末永元太郎　著

教へにも
我なきわれにかへりなは
玉の光の
おにそかゝやく

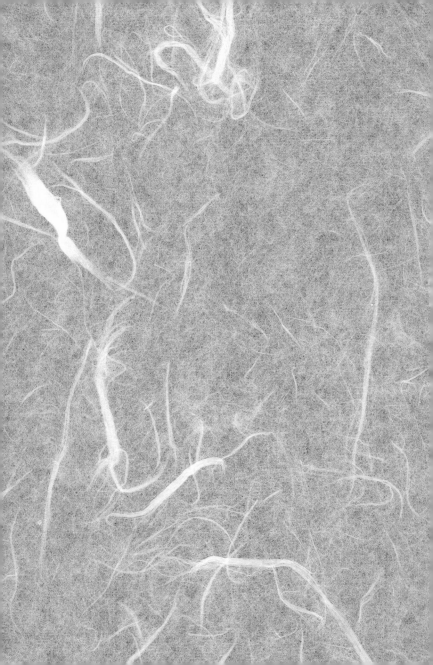

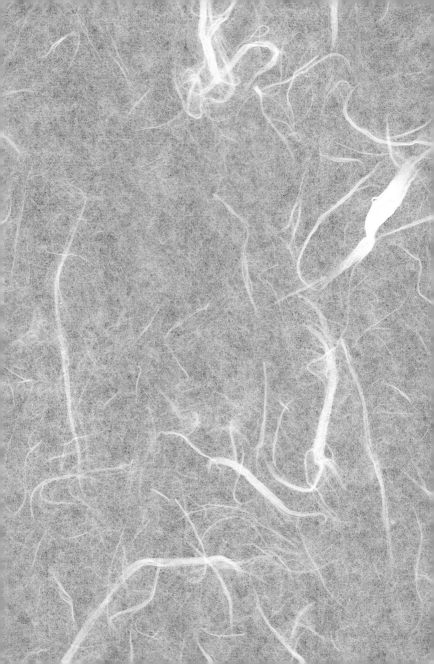

お　代　様

清　光　先　生　　　　　(昭和 45 年 撮影)

源光大神神社（本文104～108頁参照）

社の持宝院

持宝院参道完成記念写真(昭和22年2月撮影, 本文61～64頁参照)
後列左から　法印, 老僧, 岸野, 柏木各氏
中列左から　清光先生, お代様, 三人おいて藤原氏

お代様と末永氏

末永元太郎氏

改訂版序

玉光神社の教祖であるお代様（豊玉照妙光之神）の二十周年の教祖祭を迎えるにあたって、信者の多くの人びとが是非『奇蹟に満ちた教祖若き日の聖業』をもう一度出版して欲しいということで、新しい装いのもとに改訂版が出版されることになった。

母の生前の神業を知る上で、この本は誠に貴重な本である。

母自身や私が書いた本でなく、播州（兵庫県）の一信者によって、播州の社町一帯で母が神様のお導きのまにまに行なった数々の神業、例えば病気治し、家のカルマの浄化、土地の池、坂、寺等にまつわる不吉な因縁の解消と浄霊、快賢僧正の誦むお経の功力で母に下った霊が救われる様子、社町の火事の因縁の解消と、度々の火事が起きなくなったこと等、若い母二人（お代様と清光先生）が懸命に個人、家、土地、地方の様々のカルマを解き、個人や家、土地の霊を次第に成長させ、土地や個人に平和、安定、繁栄をもたらしていった過程が克明に記された貴重な記録である。信者に限らず読者の皆さんが、霊の世界とその働きがいかにこの世に大きな影響をもたらすかということ、神様のお救いの働きがいかに偉大であるかを、この本から読み取って戴きたい。

母（お代様）は六十四歳で、神様のお導きのままに人びとを救うための一生を終えられ、そのみ教え『我なき吾に還りなば、玉の光の身にぞ輝く』の示す如く、神様の御光が身に輝く聖者、神人として、宇宙創造の神、玉光大神の御許におかえりになった。その母と清光先生のお若い時のひたすらな神業、聖業がこの本に克明に書かれている。是非、皆様に読んで戴きたいと思う。

一九九三年三月

宮司　本山　博

序

今年の始めの頃、兵庫県の社から若い男のお客さんがみえて、母と何やら心のこもった調子で話しているのを、研究所から社務所へ、昼、帰った時に見かけた。母が呼ぶので行くと、末永さんの息子さんが、母親が亡くなったのでその供養もし、母にも会いたいとのことでみえたのだが、こんなノートをもってきて下さったと言ってみせてくれたのが、亡父（末永元太郎氏、この「追憶」の著者）の書き残した部厚いノートであった。

息子さんによくお礼を申し上げ、亡くなったお母さんのお悔みを言って、私は自宅へ帰った。その夜、末永元太郎さんの書いたノートを読み始めると面白くてやめられない。二十二、三年前、私が社へ行っていた時のことも思い出し、又二十五、六年前の母二人の人助けの聖業が目の前に見えるような気がして、懐しく又驚きを新たにしつつ、夜半すぎ迄に殆どを読んだ。

末永さんと初めて会ったのは、私が大学二年の六月頃、播州の山の中の寺、五峰山光明寺（既に二〜三年前、母達がお浄めにいっておる寺）へ行く為、先ず社の藤原さんの所へ行った時のことである。姫路からバスで社へ着いたのは午後二時頃であったように思う。夕方、藤原さんが、「今日貴方を岸野さん(後の社町町長)の所へ夕食に招かれているのでお連れします。」と言って、一本条の町並の真中を走る社町唯一の舗装道路から、ダラダラと舗装してない道を下り、今度はあたり一面田植えがすんで間もない、稲の緑一色につつまれた田圃の中の道を歩き始めた。東京の騒音から逃れて静かな緑一色の夕方の田圃の中で、「ああ、いい気持だな！」と心の中で思ったのが、今でも思い出される。岸野さんの工場と家が、その緑の田圃の真中、小川の流れる傍にかなりの大きさをもって建っている。門から家迄は、盆栽や庭がこしらえてあって、田舎のいい家という感じである。玄関で到着を告げると、中から威勢のいい少しダミ声の「ハァ、いらっしゃい、さっきから末永君と待ってましたんや、さあ、どうぞ、どうぞ！」という声が飛んできた。藤原さんが先に上がり、私は後から、少々堅くなりながら上がっていった。客間には既に御馳走を一杯並べた大きなテーブルが置いてあり、床の間を背にして、眼鏡をかけた、頭が半ばはげてゴマ塩の、併しくるくるとよく動き、威勢のよさそうな少し小柄な中年の田舎紳士が坐っていた。その横に顔が見事に日焼けして、身体が百姓仕事で鍛えられた頑丈な感じ、そしてその人の全体から如何にも実直である感じ、目は細いが併し事物を正確に捉えずにはおかないようにピカリとするものをもった、やはり中年の男の人がキチンと正座して坐っていたが、私達が入ってゆくと軽く会釈した。藤原さんの紹介で、眼鏡をかけた田舎紳士が岸野さんで、キチンと正座している人が末永元太郎さんだと解った。

その時に何を御馳走になって何を話したのか、もう二十二、三年前のことで覚えていない。ただ、藤原さんが例の軽口でさんざん皆を笑わせて、面白、おかしく、時を過したのを覚えている。そして皆の話を、特に岸野さんと藤原さんの話が主であって、それを聞きながら、私は時折田圃の方へ目をやって、向うにある誘蛾燈の周りに蛾が群れ飛んでいるのをぼんやり眺めていたように思う。末永さんは、藤原、岸野両氏の話に、時折高笑いと相づちを入れながら、相変らず謹厳な顔をして坐っていたように思う。

その時には、末永さんは実直、謹厳な田舎の人という感じだけで、私にはあまり印象が残らなかった。

それが今度の「追憶」を読んでみて、母二人が社とその近在で行なった人助けの聖業を細々と正確に、御自分の豊富な昔からの知識を駆使して、誰にでもよく解るように書いてあるのをみて驚きを感じたが、同時に、さもありなんという気もした。それは最初に岸野さんの所で会った時、謹厳実直な風貌で正座しておられたが、軽く会釈されたその時に、細い目が何かピカリと光るもの、物事を正確に洞察する力をもっているように感じたからである。この本を読んで、末永さんの第一印象が正しかった、実証されたように感ずるのである。

次にこの本を読んで非常に貴重だと思われることは、まだ満で三十六、七歳と四十一歳位の若かった二人の母が、神様の御仕事をしているという使命感に燃え、若いエネルギーを注ぎこんでお祈りに励んでいる時に生じた奇蹟、御神示の実現、霊界との交通等が、ありのままに詳しく書かれていることである。

母二人の若き日の霊能の実際を理解する為にも、この本は甚だ貴重な記録だと思われる。玉光神社の信者は勿論、一般の人々にも一読をおすすめする次第である。

一九七一年七月八日

本山博

目次

播州の思い出　（教主）本山キヌエ

追憶　末永元太郎

目次

播州の思い出

本山キヌエ

焼け残った網代編みのベッド

播州でのお祈りの思い出をということですが、初めに、私共が播州へお浄めに参ることになりました事情からお話しいたしましょう。

私共が大神様のお恵みをいただきまして、明治神宮参道前にささやかな教会を開いていた時のことでございます。神田にお住いの藤原靖三さんとおっしゃる信者さんが、熱心にお詣りをしていらっしゃいました。或る日、大神様がお降りになり、

『お前はそんなにチョコチョコしていると、今に命を落とすことになるぞよ。吾の腰掛けを与える故、どっかりとその上に腰を落ち着けておれ。』

という御神言で、私の網代編みのベッドを差し上げました。

この方の御子息さんは、帯を縫う職人さんで、この御子息さんが家を建てたいということでお

伺いをなさいました。すると、

『東京にでなく、故郷の播州へ戻って家を建てよ。』

という御神言でしたが、藤原さんは、

「お代様、私は四十年も前に播州を出てずっとこうしてきましたのに、今更あんな田舎に戻ったって、どうしようもありませんよ。」

とおっしゃって、とうとう椎名町に家をお建てになりました。

そのうち戦争もたけなわになって、私共は御神言で木曾の御嶽山にのぼり、雪の中で国のために二十一日間一生懸命お祈りをしておりましたが、

『このますぐに小豆島へ戻れ。』

との御神言で、やむなく小豆島に帰ることになりました。東京に残っておられる多くの信者さん方のことが気に掛りますが、いたし方ありませんでした。

東京は空襲がいよいよ激しくなり、藤原さんは、神田の御自分の家も、またせっかく建てた椎名町の御子息さんの家もすっかり焼け出されて、初めの御神言の通りに、とうとう播州へ戻らなければならない仕儀になられました。その、神田の家が焼けた時のことです。家財道具を通りに放り出したまま逃げ出して、朝、焼け跡に戻ってみると、道の両側の家々も、各家から出した道

具類もみな焼けた中に、私が差し上げた網代編みのベッドだけが焼け残って、国電神田駅ガード下の道のまん中にころがっていたそうです。ついそのままにして一旦立ち退きかけたものの、余りの不思議さに、神様から戴いたものだからと気が付いて、急いで取りに引き返された時には、もう誰かがもっていってしまったあとだったということでした。

日頃御信仰の厚い方が、どういう訳か御神言にそむいて東京に家を建てられたばかりに、とうとう御仏壇までも焼け出されてしまわれました。また、大神様のお守りの有難さを、焼け跡にただ一つ残った網代編みのベッド（実はこれこそ第一番に燃えやすい物なのですが）にまざまざと拝ませて戴かれたのでございます。このお詫びとお礼を申されに、戦後小豆島へお詣りになり、

「播州の人々にこの私の体験談をいたしましたら、ぜひ先生方に播州においで願ってお浄めをして戴きたいということです。どうかこのまま一緒にいらして下さい。」

と申されるので、播州へお浄めに参ることになった訳です。

溺死者続きの池のお浄め

こうして播州の藤原さんのお宅へ参ってお祈りしているうちに、持宝院の快賢老僧がそれを聞いてお詣りなさるようになりました。また、土地の方々も次々お詣りに来られるようになりました。或る日、老僧が、

「実は持宝院の前の池では、毎年だれか人が溺れて死ぬので、ぜひお浄めをして下さい。」

ということで、お浄めを始めますと、今迄そこで亡くなった方達の御霊がいろいろ出てこられました。老僧様、法印様、末永さん、岸野助十郎さん、吉田さん等がみえて、毎晩、その池のまわりをずっと回って法要をしたわけです。すると、それからは誰も死ななくなりました。或る晩、歯医者さんが大層酔っぱらって落っ込ちたのに、助けられました。また、自殺をする人もなくなり、落ちても怪我する人々もなくなって、皆様方が、

「大神様の御力とお浄めの尊さを知りました。」

と、大層喜んで下さいました。

免かれぬ運命

それからまたそうしておりますうちに、久米というところのYさんという大きなお家へ、お浄めに参りました。釣り針を拵らえる家で、蔵や倉庫を建て並べ、多勢の人を使って、堂々たるお宅でございます。それなのに帰り際に大神様が、

『代よ、気の毒じゃが、この家の主は遠からず野垂れ死にするのう。』

と仰せになりました。こんなに大きなお家の御主人が、野垂れ死にとはどうしたことであろうと、私も不思議に思い、持宝院に帰ってからこっそりこの話を老僧へお伝えしておきました。

また、或るお寺へお浄めに参りました時も、

『ここの僧は溺れ死ぬのう。』

と仰せになり、このことも、老僧にお伝えしておきました。老僧も、あまりのことに信じきれない御様子でした。

ところが、次の年、播州へお浄めに参った時のことでございます。老僧が、

「お代様、お代様、御神言通りになりました。」

とおっしゃいます。何事かと驚いておりますと、

「Yさんの御主人が、御神言通りになられました。或る日西脇という所まで使いに出られ、バスで帰る途中おなかが痛くなって、車を降りて田んぼの畔で用足しして倒れ、そのまま亡くなられた。どこの何兵衛かわからぬまま、検死の人が来るまで菰がかぶせてありました。ところが、信用金庫の手拭いを一本持っておられたところから、これを頼りに電話で問い合わせ、Yさんがきのう西脇の方へ出掛けられたが……ということから、とうとう身元が判明しました。事もあろうにあんな大きな家の旦那が、誰とも知られず田んぼの畔で菰をかぶって死になさって、本当に野垂れ死に以外の何ものでもない。」

と嘆息されました。

「それにあのお寺のお坊さんも、盃の檀行にずっと歩いて、御酒を戴いて喉でも乾いて水が飲みたくなったのか、池に顔を突っ込んで死んでいるのを発見されたのですが、これも一種の溺死

というより外ない。」

というお話に、私共も身の毛がよだつような思いでした。播州でいろいろお浄めさせて戴いた中に、忘れられない一つでございます。

執念の恐ろしさ

こわいお話をもう一つ。

金倉山K寺というお寺の老僧が詣られて、是非と頼まれてお浄めに参りました。すると、

『この寺は、昔、住職が発狂して焼け死んでおるため、この寺を継ぐ者に気狂いが絶えぬのう。』

との御神言で、その御因縁を出してみせて下さいました。先の御住職が、或る壇家の娘さんに懸想されて、大層御執心でしたのに、別の男がその娘さんと仲良くなったため嫉妬のあまり気が狂って、呪ってやるとて、恐ろしいことに御自分の両手の握り拳の上に蠟燭を立てて火を灯し、そ

の手を突っ張って、ひと間に籠って祈っているうちに、その火が障子に移って、その寺のみならずその一部落五十軒が丸焼けになったのでした。ところが、その中にたった一軒焼けずにすんだ家があり、それはその御住職をこの寺へお世話なさった方の家であるというので、人の執念の恐ろしさをまざまざと見せて戴きました。

老僧（K寺の）はあまりのことに呆然となさって、この御因縁を信じかねて部落へ下りて皆々に問われたところ、その通りであったので二度びっくりされたそうでございます。焼け残った家の、黒く煤けた塀も未だ残っており、その家の御主人は貴族院議員をしておられたということでした。

この御因縁を受けられて、そこの奥様も気が狂って、お子様を殺すというむごい有様になっておられました。気が狂ってのことだからというので、壇家の方々がお願いして、監獄へも行かずにすんでおられたのでございます。

『よくよく浄めておかぬと、火事が絶えぬぞよ。』

との御神言で、一心にお祈りいたしました。

次の年播州へ参りました時、持宝院のお庭でこのK寺の老僧にはからずもお会いしました。私共をみかけると、老僧は下駄をぬいで、庭の敷石の上に正座して、丁寧に両手をついて、

「お代様、お懐かしゅうございます。ようこそおいで下さいました。」

と言って下さいました。私は驚いて、

「まあ、老僧様、勿体ない。どうぞこんなになさらないで下さいませ。」

と申し上げて、老僧のお手をとって立って戴きました。すると、

「御代様、大神様の大きなお恵みを戴きました。お代様がおっしゃった通りに火が出ましたが、いい按配に早くみつけて消し止めたため、火事にならずにすみました。三遍火が出て、三遍とも助かりました。」

と申されました。一度は、竹藪の中で炭百俵余りが皆灰になって発見されたが、火事にはならなかったそうです。また一度は法事の最中、誰もいなくなった台所から火が出たのに、ふと人が戻って来て発見し、たまたまその日に風呂の水が落としてなかったところから、多くの人に呼びかけてこの水を使って消し止めて、大事に至らずにすんだということでした。

「本当に大神様のお陰でございます。」

とお礼を申して喜んでおられました。

遅れていたお開帳

金倉山K寺は、光明皇后の勅願寺と言われる由緒ある立派なお寺で、御本尊の薬師如来様は秘仏として崇められていました。お浄めに参りました時、

『御本尊のお開帳の時が過ぎておる。』

との御神言でした。老僧が、

「はい、確かに三年ばかり過ぎております。お恥ずかしいことながら、どうしても経済的なやりくりがつかず、勿体ないことでございますがそのままになっております。」

と申されますと、

『延ばしてはならぬ。吾が助けてとらす故、必ずお開帳せよ。』

と厳しく仰せられました。更に、

『里から本堂に至る十八丁の山道の両側に、御燈をつけよ。』

との御神言でした。当時は終戦後の混乱期で、人々は神仏の御加護を願うよりも食糧を求めるのに精一杯といった時でしたから、お寺様でもいろいろお困りになることも多かったかと思われます。老僧は大変恐懼されて、

「お代様方に今すぐお開帳申します。」

とおっしゃって、御本尊様を拝ませて下さいました。古い立派な御本尊様を近々と拝ませて戴き勿体なく、お開帳の遅れているお詫びを申し上げ、大神様のお慈悲を戴いて、立派なお開帳ができますよう、一心にお祈りいたしました。

翌年、持宝院のお庭でK寺の老僧にお会いしました時、

「大神様のお恵みで、去年の秋、立派な御開帳をさせて戴きました。壇家の方々にお開帳のことを御相談いたしますと、思わぬ御寄付があちこちからあいついで、御神言通り、十八丁の山道に見事にお燈明がついて、それはそれは立派なものでした。これもひとえに玉光大神様のお力ぞえの賜でございます、有難うございました。」

とお礼を申して下さいました。私共も有難さに深く大神様にお礼を申し上げました。

子を思う霊界の母

K寺の老僧が、持宝院のお庭でお会いした時、

「お懐かしゅうございます。」

と言って下さったのは、こんなことがあったからと思われます。初めて老僧がお詣りになりました時、老僧のお母様の御霊がお出になって、

「お前、この頃はお腹は痛まぬかえ。」

とおっしゃいました。後から伺いますと、このお母様は老僧が数えの四つか五つの時亡くなられましたが、生前、まだ幼い老僧がお腹が弱かったので、いつもとても気にしておられたそうでございます。老僧自身は幼い時のこととてお母様についてはあまり御記憶がなく、この事も、人に言い聞かされて知っておいでだったそうですが、御霊が出られて真っ先にお腹のことを尋ねら

れたので、びっくりして、

「私は、初めて母の声を聞きました。母親というのは、生きていても死んでいても、いつも子供のことを気にかけていてくれるのですね。」

と言って、

「お母さん。」

と呼んで、私にとりすがって、声をあげて泣かれました。居合わせた人々も、皆、思わず貰い泣きをなさいました。

本人も忘れていた幼な名

或る時持宝院でお祈りしておりましたら、御霊が下られて、

「お前は常吉か。」

とおっしゃいました。私の傍におられた老僧（持宝院の快賢老僧）が、集まっておられる方々を

見まわして、

「今お下りの仏様が、常吉と呼んでおられるが、この中に常吉という方はありませんかの。」

と問われました。誰も返事をしないでいると、法印様の奥様がふと気付かれて、

「まあ、常吉というのはお父様の幼な名ではなかったでしょうか。」

とおっしゃいました。老僧も、忘れていた自分の幼なかった時の呼び名を思い出され、

「あ、あなたはお父さんでしたか。」

と言って泣かれました。このお父様は、屋根に登って雪かきをしているうちに足を滑らせて、下へ落ちて亡くなられたそうです。

「やっぱりお前は常吉じゃったか。常吉かと見れば仏様じゃし、仏様かと拝んでおれば常吉になるので、どっちかと思うた。」

と申されました。永年仏様のお道に精進なさっておいでのお方を御霊がご覧になると、俗人にはわからぬが、その方の魂が仏様にみえなさるのであろうと、尊く思われました。

御帰国願った七賢人の魂

先にお酒に酔って池へ落ちた歯医者さんのお話をいたしましたが、社町の代書をしておられたKさんという方がまた大酒呑みで、家族の方が困り果てていられました。お調べをいたしましたら、

『お前の家には、支那から持って来た七賢人の像のうちの一体があろう。あれは盗品じゃ。その七賢人の祟りで、この主人の身持ちが悪くておさまらんのじゃ。』

という御神言で、この一体の七賢人のお魂を抜いて本国へお帰り戴きました。するとKさんはそれきりお酒を呑まなくなって、家族の方に大層喜ばれました。

事故の続く坂

末永さんのお話の中に、新築中の高等学校の校庭の隅にあった御陵のことが出てまいりますが、似たようなお話がもう一つございます。

四十八士をお祀りしてある観音寺という尼寺がありましたが、その尼寺へ向かう途中の坂道では、自転車に乗って来た人が転んで怪我をしたり、その怪我がもとで亡くなったりというようなことが絶えぬので、ぜひお浄めをしてほしいと頼まれました。お祈りいたしますと、そこに御陵があったのを、道を拡げるために勝手に除けてしまったために、そのお怒りにふれて人が転げ落ちたり、落ちたら死ぬというようなことになっていたのがわかりました。それをお詫び申し上げてお浄めいたしましたら、それきりその坂では人も転ばぬし、転げても別に死んだりしなくなって、老僧様方に大変喜ばれました。

町長の死

社町を持宝院の老僧方とお浄めして回っておりました時、佐保神社の前で、

『ここにも良くないことがある。』

との御神言がありました。

『この神様の前をこのような不浄のもので汚しては、この土地は栄えぬ。社町も栄えぬ。』

という御神言でございます。見れば、佐保神社の拝殿の正面からずっと続いた馬場先のお鳥居の真正面に、道路をへだてて、町の公会堂のお手洗が建っております。つまり、拝殿とお手洗が、道路や馬場を間にしてはいるものの、ちょうど向かいあっているのでございました。

「神様の尊いお力をわきまえぬ心ない者共が、気付かぬままにかような申しわけない汚れたものを建ててしまいました。早速取り払うべきでございますが、個人の建物でないので、自由に変

えるわけにもまいりません。どうぞお許し下さいませ。」と深く佐保神社の神様にお詫びを申し上げてお許し戴きました。

この時、岸野助十郎さんに、

『次の選挙の時、お前が町長に推されるが、町長にはなるなよ。町長になれば、この社町の道路を拡げるために、そちが無理をするようになる。また、姫路の方からの国道をつけるについても、お墓をのけ、石碑ものけるというようなことに必ずなる。町長になると、どうしてもそれをさせられることになるから、決してなるな。』

という御神言がございました。けれどもその後岸野さんは、どうしてもと回りから推されて、断わりきれずに町長になられました。その結果、御神言通り、お詣りしておられた方々の中で真っ先きに亡くなってしまわれたのでございます。

御神助の尊さ

この岸野助十郎さんの御次男さんに、助七さんとおっしゃる方がおられました。場所は忘れましたが、山に近い所ではなかったかと思います。電信柱の上で工事をしていて、三千ボルトの電圧に触れて落ちられたのですが、下で見ていた人の話では、目、鼻、口、耳、穴のあいた所全部から火を吹いて、吹き終わってから下に落ちられたそうです。社町の病院に担ぎ込まれましたが、ここでは手の施しようがないということで、更に大阪病院へ運ばれました。病院の先生方は、このままでは壊疽が身体中に回って命が危ないから、腕を付け根から切り落とさねばならないとおっしゃったそうですが、お父様の助十郎さんが、

「せっかく命が助かったのに、できることなら、息子を生まれもつかぬ片輪にしたくない。玉光大神様にお伺いせぬうちは、絶対に手術はさせない。」

とおっしゃって、藤原さんが願まれて、岸野さんの代わりに小豆島の私共の所へお伺いに詣られました。すると大神様が御降りになり、

『吾が必ず助けてとらす。手術はするな。』

と仰せになりました。

これより先、昔、畠山一族の方が戦さに敗けて、社町の鳥居という部落の藪で自刃をしておられたのを、玉光大神様のお慈悲によりお救い戴いて、源光大神としてお祀り申したことがありました。この時、岸野助十郎さんや末永さんが主となり力を入れて、小さいながら祠も拵らえてお祭りなさいました(これについては、末永さんが「追憶」の中に詳しく書いておられます)。ここに祀られた武将方がこれを大変喜ばれて、この度の助七さんの一大事に刀をもってお集まりになり、電気を切るために力を合わせて働いて下さったので、助七さんの命が奇跡的に助かったという御神言でした。

『医者の言う通りに腕を切ると、せっかく命が助かったのに、片輪になるから腕は切るな。吾が必ず治してやるから切るな。』

と仰せになりました。その後私共が病院へお見舞に伺った時も、大神様がお降りになり、

『ペンも持てるようにしてやる。字も書けるようにしてやる。安心せよ。』

と仰せられました。

助七さんは御神言を信じて手術を受けられませんでしたが、御神言通りどこも片輪にならないで、立派に回復なさいました。壊疽は小指の先から出てしまったということで、小指の先の皮が少しむけたようになっているだけで、ペンも持て、字も書けるように治して戴かれたのでございます。誠に奇跡としか言いようのない大神様のお恵みを、私共も厚く御礼申し上げました。

気狂いの絶えぬ家系

或る日、社町の川向こうにある部落のお宅へお浄めに参りました時、

『この部落には、代々七軒程気狂いの絶えぬ家があろう。』

との御神言がございました。そこは、この部落の部落長さんのお宅でしたが、御主人が驚いて、

「はい、たしかにこの部落には、昔から気狂いの絶えない家が七軒あります。」

とおっしゃいました。すると大神様がその御因縁を出してみせて下さいました。

その部落に尼寺があって、昔ここで若い尼さんが修行をしておられました。二十一日間の特別なお行に入り、あと一日で満願という日のことです。部落の七人のよからぬ若い衆が寺へ押し入り、代わるがわる、面白半分にこの尼さんを犯して去りました。可哀想な尼さんは、私という人間は、先の世にどんな罪を犯したためか、こともあろうにあと一日で満願という日にこのような目に会うなんて、いよいよ情ない運命で、もう生きてはおれないと言って、嘆きもし、恨みもして、泣き泣き自害してしまわれました。尼さんの御霊が出られ、我が身の呪わしい運命を、それはそれは深く嘆いて泣かれました。

この時の七人の若い衆の家が、尼さんの恨みと、仏罰を受けて、代々気狂いになっているのでした。お気の毒な尼さんの御霊をお救い戴くため、皆で一心にお祈りいたしました。

経文の尊さ

こうして播州のあちこちで、お調べやお浄めをしてお祈りしておりますうち、持宝院の老僧が、

「この尊い大神様の神業を、寺の若い僧達に拝ませて、霊界の存在することを、理屈の上でなく悟って貰いたいと思います。」

とおっしゃって、加東郡の全部の真言宗のお寺の若いお坊さん達を集めて、持宝院で大法会をなさいました。

その時のことでございます。老僧が須弥壇の上で、

「しかじか申し上げる仏様、お降り下さい。」

と念じて印を結び呪法をとなえられると、私にすぐその仏様が降られて、その形をお顕わしにな

り、他の仏様を念じてその呪法をなさると、またすぐその仏様がお出になったそうです。

「餓鬼も来て仏様のお慈悲にすがって、お供物を戴けますように。」

と念じられた時には、私に餓鬼がのりうつって、餓鬼のための特別のお供物の前に跳んで行き、手あたり次第に両手でお供物を摑んでは、口一杯に頰張ったそうでございます。

このことを法要がすんでから伺いまして、勿体なくもあり、また餓鬼に憑かれた時のことを思えば、多勢の方々の前でどんなことをしたかと恥ずかしくもありました。

また、昔の代々の住職様方の御霊も出られました。その時出られた或る住職様が、その寺へ落ちて来て亡くなられた武将に引導を渡す仕草をされたのが全く秘法に適っていたそうで、老僧が後から、

「お代様はどこでこんなことまで習われたのですか。」

とおっしゃいました。

「私は何事も大神様の仰せのままにさせて戴いてまいりましただけで、どこへも、何も習いに行ったことはございません。」

と申し上げると、

「不思議なことですね。」

と改めて感心されたようでした。

こんなことから、その日、老僧は、

「私はお代様のお陰で、お経に偽りのないことを知りました。また、すべての秘法にそれぞれ意味のあることも悟りました。こんなことを申すのは不届きなようですが、今までは、ちゃらんぽらんにお経をあげてきたように思えます。これからは真剣に修行をしてまいります。有難うございました。」

と心から喜んでお礼を申して下さり、私も大神様にお礼を申し上げました。

全快したノイローゼ

皆様この「追憶」をお読み下さるとおわかり戴けます通り、末永さんは大変親切なやさしい方で、人様のお世話も我が事のように一心になさいました。ノイローゼの甥御さん、M雄さんを預かった時には、農家にとって忙しい最中にそれはそれは困られたようですが、先祖の御因縁を受けてのことと思えば不憫なとて、親も及ばぬお世話をなさいました。また末永さんだけでなく、一家中が揃って真心を尽くして介抱なさいました。なかなかできないことでございます。

『十年ほどしたらこの病は治るぞよ。』

との御神言でしたが、当時はいろいろ手を尽くしてもなかなか思わしくなく、御苦労なさったようでございます。

このM雄さんを、神様のおそばに置かせて戴いたら少しは良くなるかもしれないからと頼まれまして、井の頭の私共の所にしばらくお預かりしたことがございます。応接間へベッドを入れまして、代わるがわる気をつけていたのでございますが、或る夜突然いなくなってしまいました。まだ若かった宮司や清光さんと手わけして探しますと、境内の小屋の梁にM雄さんの帯がかけてあるのがみつかり、死ぬ気で出られたのがわかって、私共も生きた心地もないほど心配して、公園の池のまわりを、大神様を念じながら手を尽くして探しました。とうとう、お茶屋さんの後ろにひそんで陰れているのを見つけた時にはほんとうにほっとして、大神様にお礼を申し上げました。

こんなこともあって、M雄さんは間もなく親御さんの許へ引き取って戴いたのですが、このM雄さんに御霊が憑いて病がおこる時には、必ずその前にM雄さんの胃の調子が悪くなって、御飯が食べられなくなります。また、一度にたくさん御飯を食べて後何日か食べないといった具合に、胃の変調子と霊の憑依現象がいつも共に起きるのに宮司が大変興味をもって、後に生理心理学的に宗教心理を研究してゆく手懸りの一つを得たようでした。人様のお世話を申し上げるのはなかなか容易ではございませんが、真心をこめてできるだけのことを一生懸命させて戴いておりますと、神様は必ず大きなお恵みを下さいます。有難いことでございます。

このM雄さんは、御神言通りに十年程してすっかり全快され、今では結婚してお子様も出来、幸せにくらしておられます。

僧兵のいた寺

やはり末永さんのお話の中に、宮司が播州のお寺へ勉強に参って、皆様にもお世話になった時のことが出ております。私共は昭和二十四年の四月に、大神様が前々からお定めおき下さいましたこの井の頭へ移らせて戴いたのでございましたが（このことは「奇跡と宗教体験」という本の中に詳しく出ております）、当時はまだ今の本殿もなく、社務所も今の半分ぐらいで、お詣りの方々は多いし、御霊が出られると泣いたり笑ったり中には大声でお怒りになる御霊もあり、なかなか宮司も落ち着いて勉強ができません。当時宮司は大学の二年でしたが（大学卒業後とあるのは末永さんの御記憶違い）、幸い一年の時にほとんどの単位をとり終って、もっと自分自身の勉強を深くやりたいと申しておりましたので、ふと私が播州の静かなお寺のことを思い出しまして、お願いしたわけでございます。こうして、その年の五月か六月の頃、三月の滞在の予定で宮司は出かけました。

そこは里から一里半くらい離れた山の中に、あちこちに五つの寺院が点在して一つの寺をなしている、大変大きな広いお寺さまで（播州の高野山と言われていました）、昼間裸で歩いていても誰にも出会うまいという程静かな所でございます。このお寺のK院の本堂の客殿を借して戴きまして、静かなのを何より喜んで、朝夕勉強に励んでおりました。ただ一つ、鼠には悩まされたらしく、毎夕暮れかかると本堂の御仏前にお供え申してある品々を食べに出て来ては、せわしなく騒々しく辺り一帯駆けまわり、明かりを消すと休んでいる宮司の身体の上を駆け抜けたりするので、齧られては大変だから、お座敷（客殿）の中に夕涼みの縁台を入れて戴いて、その上に布団を敷いて休んでおったそうでございます。

こうして一月一寸たちました頃、毎夜、夜中の二時近くなりますと、妙な気配に、必ず宮司は目を醒ますようになりました。そして五日目か六日目の夜、真暗な中に、お芝居で見る弁慶のようないでたちをした僧兵が五、六人、枕辺をぐるっと取り囲んだのでございます。しんと静まり返った山寺の広い部屋の暗闇の中、狭い縁台に敷いた布団の上で、仰向けに寝たまま、首をめぐらすこともないのに、目をつぶっても開けても、いかめしい有様をした僧兵達が、なぎなたを突いて、枕許を丸く囲んで立っているのが見えたと申します。何か頼みがあるらしく、物言いたげな様子でしたが、とうとう何を言うこともなく、三十分程で消えたそうでした。

翌朝、朝御飯の時にこのことをお話しいたしますと、御住職様は、この寺にそんなものが出る訳はないと申されて、話を外らしておしまいになったそうですが、後から奥様が寺の縁起を書いた古い絵入りの刷り物をもって来て下さって、お詫びを申されたそうです。その縁起によりますと、七〜八百年程前、この寺は僧兵の戦さで攻められて、今は国宝となっている観音堂（九百年前の建物）を除いて皆焼け落ちたので、寺の建物はその観音堂以外は、この火事の後に建てられたものであるということでした。

当時は、まだ本格的に行を始める半年程前でございましたので、すっかり驚いてしまった宮司は、その日のうちに荷物を纒めて山を下りてしまいました。尤も、子供の頃から私共と一緒に行をして、以前にもよく幽霊を見ておったのではございますが、遠く家族と離れた山の中の淋し

い お寺でこんなものが出たのですから、若い宮司がびっくりして逃げ出したのも無理ありません。今でも時々、

「今なら、神様のお力を戴いて、あの人達の願いも聞いてあげられるのだけれど、当時はまだ十分に行もしていないし、思いもよらぬ姿をした人がいきなり五人も六人も出て来て、何か言いたそうにしているから、自分に悪意をもっているのではなく、ただ何かを頼みたがっているだけなのがわかっていても、また今夜も出るかと思うといやになった。」

と、当時を思い出して申しております。

この僧兵の幽霊をみた時のように、宮司に何か見えると、すぐその後で、見えたものが実際に昔あったとか、今もあるという証拠が出て来る事が次々重なりましたので、とうとう腰を据えてお行をしたり、また学問的にも神様のお道を極めようという決心がついたらしゅうございました。これも忘れられない播州の思い出の一つになっております。

末永さんのこと

末永さんは大変御信仰の厚い方で、持宝院へもよくお詣りになり、お寺の御用の折には、家事を捨てても一生懸命尽くされたようでございます。私共が播州へ参りました時も、いろいろ親身にお世話下さいました。また、大神様の御神示についてお話しなさいます時には、熱をこめて、微に入り細に亘って御体験談をなさいますので、その強い信念と情熱に打たれて、聞き手の方もつい時の経つのを忘れるといった按配でございました。

昭和四十六年の始めの頃、末永さんの御子息さん（栄映様）が、亡くなられて間もないお母様の御供養のために播州からお詣りになり、御両親の御霊に会って安心された後、

「父が生前このようなものを書き残しておりましたので、私が清書をして持って参りました。父の形見と思ってお収め下さい。」

と言って、「追憶」と題したノートを下さいました。栄映様のお話によりますと、末永さんは中風で仆れられてから、自分がこれまでに数々拝ませて戴いた大神様の尊い御神示を、このまま子孫に伝えることなく終わらせるのは余りにも勿体ない事だから、筆の続く限り少しでも多く書き残しておきたいとおっしゃって、このノートを書き綴られたそうでございます。昭和二十一年、持宝院で初めて岸野さんと一緒にお詣りなさった時から、昭和三十四年、小豆島の御本宮の落成式に出席された頃までのことが、詳しく書かれているとのお話でございました。病気になられる前の末永さんは、家業の農業の他に社町のいろいろな仕事で忙しい方でしたし、病気は中風という身体の自由の利かない病気でしたから、その中からこんなにたくさんの思い出を書き残して下さるには、どんなに一生懸命努力して下さったことでしょうか。ただもう大神様のお恵みへの深い感謝の気持から、止むに止まれぬ気持で、我が身の忙しさ、不自由さを忘れて、一心にお書き下さったのでございましょう。私はそのお気持の嬉しさ、有難さに、思わず涙がこぼれ、早速、御神前にお供えして、大神様と末永さんの御霊に厚く御礼申し上げました。

午後、お勤めを終えてからノートを読ませて戴きますと、もう二十余年も昔になったことが、生き生きと詳しく書いて下さってありますので、当時が大変なつかしく思い出され、また大神様の尊い神業の不思議さ、有難さに改めて深く打たれました。私共は毎日毎日のお勤めに忙しく、今までにたくさんみせて戴きました大神様の貴い奇蹟を、一つ一つ書き残しておくことができませんでした。今ここにこうして、私共のできなかったことを、思いがけなく一人の御信者さんの手でして戴いていることが判り、こんなに有難いことはありません。

このノートを御信者さん方におみせいたしましたところ、皆様がこれをこのままで置くのは惜しいので、ぜひ本にして後の人々のために残すようにして戴きたいとおっしゃって下さいました。私共自身で書いたものでないので、一層、記録として面白いし、これに合わせて、私自身の播州での思い出を付ければなお一段と読む人にとって興味深いであろうとも言って下さいました。私も、この貴重な記録を残して下さいました末永さんの誠に対して、これを本として残してお礼とさせて戴きたいと思い、また皆様の御希望にそって、ここに末永さんのお話の中にないものを、思い付くままに加えさせて戴いた次第でございます。

玉光大神様、数々の奇蹟をお示し戴き、更に御神徳をこうして世に残す機会をお与え下さいまして有難うございます。末永元太郎様、大神様の御神徳を讃えるために、不自由なお身体を押してこのノートをお書き下さいました貴方様の深いお志、お礼の申し上げようもございません。御霊前にこの本を捧げて御礼とさせて戴きとうございます。末永栄映様、お忙しい中を、お父様の形見のノートをきれいに清書してお持ち下さいまして有難うございました。また、この本を出版するに当たり、貴重なお写真の数々をお送り下さいまして有難うございました。貴方の御両親様を始め今はもう故人となられました持宝院の快賢老僧様や岸野様、藤原様方の御冥福をお祈りして、私のお話を終わらせて戴きます。

合掌

一九七三年（昭和四十八年）六月吉日

追憶

末永元太郎

持宝院からの突然の招き

昭和二十一年三月二十四日であった。持宝院から使いがみえて、今日五時頃に岸野さんと一緒に遊びにきて下さいということであった。早速岸野の家へ行ってどうするかと相談した。すると、遊びにこいとは何であろう、始終遊びに行って世話になっているわれわれのことだから、今日は彼岸の明けだから、何か御馳走でもあって喰べさせようというお心ではないか、とにかく時間厳守で五時に行こうと約束して、時間早目に二人揃って寺へ行った。

われわれは、行くといつも手前様と言われるほど長い時間帰ることを忘れてお喋りをしている常客で、いつもの隠居部屋へ通された。すると老僧（快賢大和尚）が一人炬燵にあたっておられた。いつものようににこにこ笑顔で招じ入れられた。すすめられるままに二人は炬燵に這入らせて貰った。岸野君は老僧と向かい合わせで西から東を向いて、私は北から南向けに這入った。

暫く世間話をしている内に夕飯を運んで下さった。炬燵に這入ったまま戴いたのだが、別に呼んで喰べさすほどの御馳走ではないし、だが何となく様子がちがうと思っていると、白衣を着て袴をはいた奇麗な女の人が二人揃って這入ってこられた。その瞬間、頭にひらめいたことは、寺もこんな迷信じみたことをされだした、一度抗議を申し込まねばと思った。すると老僧がいつも変らぬ如才のないお声で、

「マアおはいり」。

と炬燵をすすめられた。御両人は素直に膝だけ蒲団に這入られた（このお二人、実はお代様＝本山絹江先生、サニワ＝余島清光先生であった）。私と向かいあった訳である。

法印様もこられた。そこでわれわれと御両人とを紹介された。すると岸野君は身の上話をした。

「私は今は岸野家へ貰われているけれど、生まれは山本家でした。父が早く逝って母も五つのとき死んでしまって、祖父の手で育てられなければならなくなって、養子に行くことになったのです。」

するとお代様が、

「そうですか。」

と岸野君の顔をじいっと見ておられたが、コロンとねて、

「ア痛い、痛い。」

と腹をさすられる。余島先生が、

「貴女はどなたですか。岸野家の方ですか。」

すると首を横にふる。

「キシノ……。私は山本です。」

(余島先生)「お母さんのお名前は。」

(岸野)「おせいです。」

(余島先生)「ではおせいさんですか。」

コックリをして肯定する。

(余島先生)「それでは岸野さん、あなたのお母さんですよ。サァ、生きているお母さんに話をするのと同じようにお話しなさい。」

と言われて岸野君も、

「お母さんですか、私助十郎です。」

「オオお前助十郎か、お前はわんぱくで困る。遠くへ行ってはいかん。あの橋から向こうへ行ってはいかんぜ。」

と心配そう。

（岸野）「ハイ、お母さんがおられた頃はヤンチャであったけど、今は岸野家へ貰われてこの頃は金物の工場をして大勢人を使って一人前にやっておりますから、安心して下さい。」

（お母さん）「それではみんなどうしてる。」

（岸野）「姉さんは台湾の叔父さんのとこへ行って、今は京都へ帰っているそうです。」

と言えば、俄かに泣きだされて、お祖父さんの世話になっているのかと思っていたのに、散り散りになったのかと、サメザメとお泣きになる。

（岸野）「お母さんのお言葉はごもっともですが、仕方がなかったのでしょう。けれど今では皆それぞれ成長して、しっかりやっておりますので御安心下さい。ここは持宝院で、この方が法印様でこの方が老僧でいつもお世話になっております。」

と言っていたわり慰める。すると急に起き上がり、老僧や法印様の方に両手を合わせて、切実な声で、

「伜がいつもお世話になっております、有難うございます。」

と深深と丁寧に頭を下げて、今度は私の方に向き直って手を合わせ、

「どうぞ貴方のような真面目な人になりますように見守ってやって下さい、お願いします。」

と言われて、私も初めてのことで返事に窮して、

「私等は親友ですので、お互いに気を付け合って真面目に暮すようにしますから、御安心下さい。」

と答えると、安心されたか、スーと帰られた。

続いて出られたのは、物凄い形相にて腕をめくり、つきつけるようにして、

「返せ返せ。」

と言って詰め寄られる。岸野はアッケに取られて、

「何を返せと言われるのですか。」

と問えば、

「土地じゃ、土地じゃ、土地を返せ。」

と威丈高にいっかなひるまぬ権柄押しで、さすがの岸野もたじたじの様子だった。が、気を落ち着けて、暫く思案の末、

「ハハァ、貴方は藤定（とうさだ）さんですな。これはわしは知らん事ですが、親爺が屋敷を担保に金を貸していて、その金が払えず担保流れになったらしいですな。」

「イヤ、金を揃えて持って行ったが、期限が切れとると言って取って呉れなんだ。」

とて如何にも口惜しそうな様子、色々説明しても得心のいかぬ模様であった。その時余島先生が、

「あなたがお金をつくって行かれたときには期限が切れていたのでしょう。結局あなたが約束の期限に間に合うようにはできなかったのですから、お怒りになっても仕方がありませんよ。キッパリと諦めておしまいなさい。そうすると貴方の子孫にもっとよい土地が手に入りますよ。あなたがそんなに恨んでばかりおられたら、決してご子孫に幸福はきませんよ。子孫が可愛いと思ったら、奇麗に諦めることです。」

と懇々と説いて聞かされた。すると腕を組んで暫く考えて、

「そうかなァ。…そんならキッパリ諦めるかな。」

と漸くにして帰られた。

その後へ女の人が出て、

「借して借して。」

と言って手をだしてくる。

「あんたはだれですか。」

「大勢いるからわからんのやろ。」

と言って、三味線を弾くまねをする。

「では市子やな。」

「ウン。」

と肯定して、

「借して。」

と手をだす。

「何を貸すのか。金か。なんぼあればいいんだ。」

すると指二本だして頼むと言う。

「二万円か。」

ウーンと首を横に振る。

「二千円か。」

又横に振る。

「それじゃ二百円か。」

と百円札を二枚渡すと、誰にかわからんが、

「サァ早く持って行って。」

とさも嬉しそうに満足げに帰って行った。岸野君の話には、社に大勢芸者がおったが、中で市子とだけ俺は関係した。市子は河合のS君と結婚して、満洲とか朝鮮とかへ行っておるとか、まだ生きているはずですがということだった。

その後、老僧の先々代に当たるそうだが一人の坊さんらしい方がでられて、淋しそうに何も言わずにつくねんと坐っておられる。われわれは誰であるか知る由もない。老僧が、アア涌羅（ゆら）和尚じゃないかしらと言われた。するとさも恥ずかしそうに、

「そうです。」

とかすかに答えられた。老僧の話では、涌羅和尚は酒が大変好きで、持宝院の藪やお経の本や道具類を金にかえて、又は壇家に永代居士を贈ったりして呑んでしまわれた人で、この寺を追い出されて所々を転々として、美濃郡の寺へ住職としてすわられた。その時、この寺から袈裟をお祝いに送られた。そのお礼言上に寺へこられたそのときの様子を、子供ながら見て覚えておるとのことであった。涌羅和尚は、

「すまん、酒はお経よりも有難うての、僧も人間じゃでの、酒でも呑んでまぎらさんと、どうにもならんことがあっての。」

と、妻帯を許されなかった頃の悲哀をさらけだされたようであった。道具屋を呼んで本か、道具

かを売りにだされた様子、一銭でも高く買うてくれと、酒にくるった人の姿を丸だしに、すまんすまん、恥ずかしいとすごすご帰って行かれた。

そんないろんなことがあってその後で、お代様との話に、お代様は玉光大神様に奉仕なさる玉光教の教祖である。いろいろ話の後に岸野君が、

「先生、一度工場を浄めて戴けませんか。」

「よろしい、では明後日に行きましょう。」

と約束ができて、末永君も詣って呉れよという事で、よしと当日岸野の会社へ出て行った。すると工場のお浄めがすんだ後で、大勢お詣りに来ておられた。社の薬局の涌羅染さんの生みのお母さんが出られて、戻って来なさいと、繰りかえし繰りかえし言っておられた。後で生前言っておられた事とその儘です、不思議と声までそっくりですとの事だった。

一村三十五軒のいわれ

正木屋の村上さんが、中学校へ通っとる息子さんが大病で、おかゆも喉を通らんという事でお尋ねしておられた。

「今日お祭りした御洗米でおかゆをたき、果物を持って帰って戴かせなさい。」

「けれどもよう戴きますやろか。」

「大丈夫戴きますよ。安心して戴かせなさい。」

との事であった。そして言われた通りすると喜んで戴いて、間もなく全快したそうである。私は別に家内無事大平だし、詣っておられる人達の後で頭をたれてうつむいていた。すると岸野君が、

「オイ末永、言いよってやぞ。」

と言う。ハッと頭を上げると、お代様があなたの村はと言って指折りかぞえて、

「三十五軒ですね。」

「ハイ、今は疎開などで四十軒ありますが、土着のものは三十五軒です。」

「そうでしょう。そして田圃にもならず屋敷にもならずという土地があるでしょう。それは広いですか。」

「その土地を持つと祟るという所があるでしょう。」

と言われた。そこで私はどこの事かと迷っていた。すると、

「ハイ、それならあります。藪です。そこは五、六十坪程ありますかな。」

と言われた。

「そのきわに川か溝がありますね。そしてその近くに尼寺がありますね。」

「ハイ、もとは尼寺でしたが、今は青年の倶楽部になっておりますけど、観音堂の境内にあるんです。」

「そうですか、もとは地続きだったらしいですね。そしてそこで大勢の人が切腹自刃しておるらしいのですね。」

「それは三十五軒に関係があるんですか。」

「そうです。この儘では絶対に三十五軒よりふえもへりもしませんよ。」

（三十五人が自刃されているらしい。）

「それではどうすればよろしいでしょうか。」

「そうですね。お坊さんを頼んでお供養をしてお貰いなさい。」

こう言われて、夜も大分遅くなったのでみんなと一緒にお代様も余島先生もお帰りになった。

後で岸野君が、

「末永よ、その供養をわしとお前とでしようじゃないか。少々物がいってもよいじゃないか。」

と言う。私は、

「ウン、物が少々いってもかまわん。が、待てよ、その藪は家原の人の持藪やし、そんな所を坊さん頼んで供養したりしたら人が気狂いじゃないかと笑うだろう。一度誰かに相談してみるから一寸待ってくれ。」

と言って帰って来た。

サテと思案の末、藤井丑治さんに相談してみたところが、そうですかそうですかと聞いてくれるだけで何の反応もない。丁度その頃国会議員の選挙があって、多可郡の細田忠治さんが立候補しておられて、社の岸熊の二階に選挙事務所を開いておられた。私は選挙は縁がないので何もわからんが、友達が手伝ってくれと頼むので、ポスター位なら書けるだろう、農閑期だから、と手伝っていた。丁度水菜がよくふくれていたので、一株お代様に食べて貰おうと思って、朝少し早目にお代様のかりの宿、藤原さんの家へ持って行った。すると藤原さんの奥さんが、

「マア上っておよりなさい。」

と言われた。お代様たちは奥の間でお祈りをして一生懸命祝詞の最中である。私は邪魔をしてはならぬとソーッと音のせぬように襖を開けて這入った。床の間に向かい、お代様、余島様、藤原様と三人並んでお祈りしておられるその後で、四人よって来ている人が神妙に控えておられた。私は手を合わせただけで礼拝して静かに引下がった。すると藤原さんの奥さんが一服吸って行きなさいとすすめて下さる儘に、火鉢を前に坐って煙草を一本火をつけた。奥の祝詞がすんだ様子、やがてお代様が、およりしている四人をおいて、

「神様がこの部屋に用があるとおっしゃいます。」

と言われてヒョコヒョコおいでになって、私と火鉢をはさんで向かい合ってお坐りになった。そこで先日来のご挨拶をして二言、三言話をしていると、俄かにお代様の様子が変わって威厳が備わって、

『玉光じゃ。』

とおっしゃって玉光大神様がお出になった。私は威にうたれてというか、自然に頭が下がってお

辞儀をした。するとおごそかな声で、

『そちは気狂いと間違えられると思うているな。』

と言われた。実際思っている事を、その儘ズバリと言われては致し方ありません、私は恐縮して、

「それでもお供養する藪の持主にだけは言わねばならんのではないでしょうか。」

すると、

『縁がなければ捨てておけ。それからそれを行なうのは、夜の十一時、十二時、一時というこの時間じゃ、それならそちの仕事に差し支えなかろう。』

「ハイ、私は仕事なんかどうでもよろしいが、そんな時間にする事ならどんな事でも致します。」

と答えた。

『それでは明日から一週間、それも夜八時から来なさい、すれば由緒（いわく）を語って聞かせよう。』

とおっしゃった。私は思わず有難う御座いますと両手をついた。

その後へ去年終戦と同時に亡くなられた持宝院の老僧の奥さんで、われわれは麗光院様と申し

上げているお方がお出になって、

「オオ、よう詣ったな。」

一目見て麗光院様という事がすぐわかる。私は懐かしさが先にたって、

「アア奥さんですか。お懐かしゅう御座います。今はどうしてお過しですか。」

と、思わず御生前の奥様に対するのと同じ言葉が出てしまった。すると、

「わたしはいつも大師堂にいてみんなの様子を見ているのやで。そしてあんたも今度は御苦労さんやけど、明日から一週間、つらいやろうけど修業やと思って、つとめて詣って来ておくれよ。」

と、懇々とさとすようにおっしゃった。奥様は麗光院如意妙照大姉とて、快賢大和尚の奥方で、現法印のお母様である。私は離しとうない思いで一杯であったが、それだけ言われてすぐ帰ってしまわれた。

今日は夜八時からを楽しみにして、お代様の所へお詣りした。藤原靖三さんのお家である。お祈りの後、お姫様が駕籠にゆられて出られた。乳母をしたがえての旅らしい。それも追手を気にしながら、

「どこ迄逃げたらよいのやら。」

「御苦労お察し致しますが、今暫くの御辛棒お願いします。すると安心して過せる所に着きましょう。」

暫くすると、乳母お玉が、

「アッ血だ！」

と悲痛な面持で、

「お姫様には何故のご自害を。」

と狼狽して、

「どこぞこのあたりにお寺はないか。」

と葬式を頼みたい様子であった。

二日目以後は高貴なお方がお出になるからと持宝院の奥の上壇の間へ移っておつとめができた。いつも詰めるのは、お代様、余島先生、老僧、法印、岸野、吉田一三郎、藤原靖三、末永元太郎のメンバーであった。いつもお代様が一人舞台で芝居をされるのを見物している形であるが、一挙手、一投足、一言半句も逃がすまいと全身全霊を目に耳に集中して、一晩の行事が終わると大変疲れている。われわれが疲れるのだからお代様の御苦労が思いやられる。この藪で果てられたのは、畠山信政公という若い大将で、北条高時の大軍と戦って、東南の方より追われ追われて、衆寡敵せず、馬上に槍を振りかざし、死力をつくして能わず果てるものあり、くさり鎌を振り廻して戦い力尽きて斃れるものあり、激戦の模様がうかがえる。大音声はりあげて、

「ヤアヤア我こそは、畠山にさる者ありと聞えたる、何の某たるぞ、我と思わん者は出で来れ、勝負勝負。」

と呼ばわって大刀振りかざし敵中へ切り込む勇者もあり、藪の所へ来て、ここは静かなよい所じゃ、最後の場所と決めようと兜をぬいで、香を焚き直臣を呼んで介錯を頼むと依頼して、東の方向に拝礼し、

「父上お先に失礼します。」

と短刀を押し戴きニッコリ笑みをたたえて従容として自刃され、立派な態度に感服した。それ迄に手紙をしたため臣を呼んで、

「その方心して 摂津迄使に立ってくれ。そしてこの手紙を 父上に渡してくれ。きっと頼むぞよ。」

「私は若君と生死を共に。」

「その方むづかしい用で大儀乍ら、最後の命じゃ。心して行け。」

せんかたなく手紙を奥深く知られぬように荷造りして一礼して、変装して、旅に出でる。腹真

一文字にかき切って動脈をはねて果てる者あり、介錯を頼んで逝く者あり、差しちがえて死に行くもあり、中に兄弟らしい、兄が弟に命じるように、静かな所じゃ、最期に一差し舞えと自分は朗朗と謡曲を吟じ最後の瞬間を楽しむ様子であった。その落ち着き振りには感じ入った。そして兄弟差し違えて相果てたが、そのゆうゆうせまらざる態度には、さすが武士の最後と深く感じ入った。

護良親王様がお出になった。このような高貴なお方がお出になるには、お迎え の儀式があって、数人の伶人などが笛ひちりきを奉ずる者、八のかねをジャラリンボンボンとお出迎え、親王様はゆう然とお出になった。

「護良じゃ。」

とおっしゃって、上壇の間へお上りになった。護良親王は、六尺有余七尺ともいう大兵と聞く。お代様が大きく見える。すると偵察に出た臣らしいのが来て報告をしている。

「見つかりました。」

「オオ見つけたか、それは御苦労、どこにいたぞ。」

「これから西の方二里ばかりの所に、鳥居の里という所が御座います。そこに静かに暮しております。」

「そうか、それは嬉しいのう、これからこの辺りを嬉野と呼べ。」

とおっしゃって、ご気嫌麗しくその近くのお寺らしい所へすぐお這入りになった。すると、百姓か町人らしい男が、うさん臭そうに、あれは普通の人間とは違う、ことによると褒美のある口かも知れぬと、かくれるように、すのこの下へもぐり込んで暫く上の様子を窺うていたが、

「聞いたぞ聞いたぞ、すぐ注進を。」

と、こおどりして出て行った。護良親王もお心安まる暇もないらしい。そうするとえらい形相にて、これは人間ではない、神様らしいと思っていると、

「山王じゃ。」

とおっしゃってお出になったが何もおっしゃらない。親王が恭しく剣を奉納された。訴人によって知れたらしい、護良親王は縄付きになって、おいたましい姿で無念そうな顔付きでお出ましになる。そしてお怒りの御様子にて、敵をにらみつけられ、

「おのれ高時。護良と知っての事か。」

と怒り眼らんらんと。敵の刺客らしい一人、

「たとえ誰であろうと斯の如くしばりあげた者、何するものぞ。一打ちにしてくれよう。」

と、大刀を振りかざして親王めがけて振り下そうとして、タジタジと後ずさり、どうも切れぬ

と、しおしおと下がる。同役らしい一人が、おれが代って切る、たとえ相手が何人であろうと、縄付きにした者を切るに何事やあらんと、勢込んで一刀大上段に一度は切りかけたが、威にうたれたか、後ずさりしたが、気を取り直して切りかからんとするその刹那、「アア」と唖になってしまって後へ斃れる。この時どこからどんな味方があらわれたか知らぬが親王をしばっていた縄がポロッとほどけて自由になられた。そして鳥居の里に小時は隠れておわしたらしい。おかくまい申したのは藤蔵という庄屋らしい。上役人が囲ったうたがいによって引立てて牢屋にぶち込んで日日せめ、せっかん、ごうもんにかけて白状を迫ったが、どうしても口を割らない。藤蔵の妻、番所にかけ込み、

(妻)「お役人様に申し上げます。どうぞうちの人をお助け下さい。かくさず申します。仰せの通り申しますからうちの人を助けて下さい。お願いします。」

(藤蔵)「馬鹿、馬鹿、馬鹿。気狂いめ。何を言うか。お役人様、此奴は気狂いです。何を言うかわかりません。取り上げないように頼みます。」

と天の屋利兵衛の一幕のような場面もあって、夜のうちに牢をぬけて我家に帰り、

「いつまでもおって戴きたいが、今となってはそれもなりません、早う落ち給え。」

と夜陰に乗じて東南の方を指して落ちられるようおすすめした。その後役人が来た時、ヘイヘイ

知っております、西の方へ行かれました。今頃は姫路かひょっとすると備前か美作の国境迄行っておられるかも知れませんと反対の事、偽りを言う。すると役人共、「なに、西へ行ったか」と一目散に西へ向かって走る。

この一週間のうち一日だけ、衆議院議員の選挙の当日、今夜は国会議員の決まる大事な日ですから、尊いお方はお忙しいので出られないですからお休みとの事ですとて、ハリキッテいた私等は拍子抜けした形だったが、それでは今夜は末永さんの先祖調べをしましょうかとおっしゃって有難い事であった。

先ず一番に父が寝たままの姿で出て、あたりをきょろきょろ見廻していられたが、むくむくと起きて一生懸命俵編みをなさる。

「お父さんあんまりこんをつめると肩がこりますよ、ゆっくり休んで下さいよ。」

と言うと、

「オオ、忙しくなると困るでの。少しでも手伝うてやらんとの。」

なかなか休もうとなさいません。そこで、

「お父さんここはお寺ですよ、お寺で俵編みなんかせずにゆっくり休んで下さい。ここにおられるのは法印様と老僧です。いつもお世話にばかりなっております。お礼を言って下さいよ。」

と言うと手を止め、

「ヨウここはうちと違うのか。うちの納屋かと思っていた。」

とて、立って坐り直し、法印様や老僧の方に向かい両手を合わして、

「倅がいつもお世話になりまして。」

とお礼を言って岸野の顔を見て、

「これは誰や。」

「それはお父さんよく知っての岸熊の助さんやで。助さんは私と兄弟のように懇意にしてます。」

「そうか、でも身分が違うでの―。お前この頃何をしよる。」

「ヘエ、私は相変らず百姓ですから、一生懸命田圃行きです。それよりしようがおまへんが。」

「ウン、そうじゃのう。わしもできるだけ手伝うてやるさかい精出してやれや。田圃へさえ行っていたら間違いないでのう。そしてあの問題はどうしたぞ。」

と屋敷の前を分けて貰う問題のことを問われた。私はハッとして、

「あれはあの儘で時機のいたるのを待っているんです。」

「そうじゃのう、分かりにくいでのう。いやわしもよう頼んでやる。みんなに達者で暮らすよ

うによう言ってくれよ。」

と言われて帰られる。私は何だか名残りおしい気がした。

続いて伯父さんが出られた。そうして大変遠慮がちに、

「わしまでお前の所で世話になってのう。」

「イヤイヤ伯父さんがうちにおられるのはあたりまえですから、遠慮なくいて下さいよ。あんまりよいお祀りはようしませんが、心一杯のお祀りをさせて貰います。」

「ありがとう。その替りわしも手伝うぞ。去年の秋はハーイハーイと虫追いで一生懸命じゃった。」

と如何にも真剣そうであった。次に祖母さんが出られて、

「わしは何も言う事はない。みんな仲よくしてくれるし、お礼を言うぞ。」

とお喜びになる。その後、嬉しそうな表情で大谷の祖母さんが出られて(歯が抜けていて、ものの言い方の特徴がよくわかる)、

「みんな元気でエーのう。あんまり嬉しいので一遍出会いとうて、何も言う事はないけど出てきた。会えてよかった。」

と楽しげに帰られた。私が、これは母方の祖母さんで九十二歳で亡くなったのですと話すと、皆

さんが、ホー、長生きやったんやなァ。すると、

「わしは百じゃ。」

と言うておじいさんがお出になった。私が、

「あなたは今の祖母さんの‥‥」

と言うと、

「一代前じゃ。」

とおっしゃった。そして岸野君の顔を見て、

「ホー、あんたは人相が悪いのー。フーン、大分苦労なさったなアア。それで人相が悪くなったのかなァ。」

(皆様)「百歳とは、何か長生きのコツがありますか。」

「長生きのコツは腹を立てん事じゃなァ。」

かくて一週間のおつとめも終って、満願は四月十二日で、法印様やお代様の御厚意によって大施餓鬼(持宝院本堂で)を厳修して戴いた。老僧、法印、お代様、余島様、岸野助十郎、吉田一三郎、藤原靖三、末永元太郎列席で厳修の間、お代様の様子が変わりづめ位である。施餓鬼が済んだ後で十歳位の子供が出て、

「どこの子や。」

と聞くと、

「三郎や。おじちゃんに縁がある者や。」

とて私を指したが、私にはおぼえが見当たらんが、三郎君が説明してくれるには、

「前の池の廻りを、赤い衣を着た坊さんが大勢でぐるぐる廻ってお経を唱えられたので、池の中から這い上った。大勢の人々に着物を持ってきて着せるやら、大さわぎや。けれどみんな大喜びや。嬉しそうな顔してる。」

そうか、吾々は目に見えぬが、説明を聞くと目にうかぶように思われて、よい事をしたと一同悦び合って、時間の来るのを待った。

長い時間であったけれど、そういう人々と一緒の事とてすぐに経ってしまって、午後十一時になったので、もう出発しましょうと、私が手で引張るリヤカーに新しいむしろを敷いて、丁度人力車のような調子で、老僧とお代様を乗せて、私が引き、あとの人々は歩いて鳥居の藪迄行列した。丁度満月で、一点の曇りもないくらいよく晴れて、気持のよい夜であった。お代様が言われた。

「七福神のお通りで私が弁天様じゃ。」

と。成程七人の一行である。その頃牛泥棒が流行して、この村でも吉田谷一郎氏宅に牛が盗まれ

たので、村中交替で倶楽部を根拠地にして毎晩夜警をしていた。その所へ右の一行が藪へ到着して、藪の垣の穴からもぐり込んで、お代様に畠山信政公が自刃された場所を探し当てて貰って、そこに丁鍬で穴を掘って、御幣（一週間祈願した御神体）をうずめる。この時、倶楽部から大声で、

「コラッ牛泥棒・・・」

と言ってさわぎだした。それもそのはず、真夜中にお経が聞こえる、コンコン地を掘る音、あやしいと思うのも無理のない事。

「末永よ、何とか言うてやれ。」

と岸野に言われて、

「オーイ、わしやぞ。心配せんといてくれ。」

と声をかけた。すると、

「末永らしいな、それに法印様も一緒らしい。」

と大声を出したのがきまり悪そうであった。御幣をうずめた所に石を置き、しるしをして引揚げた。みんなユーモアの解せる人ばかりなので、大変楽しく過させて戴いた。法印様や老僧様、お代様方の大きな犠牲のおかげで、大きな功徳をつませて貰った。有難い事であった。

石に封じ込められた死霊

お代様は度々、社の町は穢れが多い（麗光院様もよく言っておられた）から浄めなければいかんと、只の一人で大師堂の回りを廻ったりしておつくし下さった。社の中央部を浄めるからとて、夜更けてから、田町から円明寺の東を通って銀座通りを本町への一角を三回廻って、急所急所立ち止まってお浄めになる。それがみんな吾々が成程と思われる所ばかり立ち止まられる。これを記す前に物語りを話さねばならんが、話が前後して辻褄が合わぬようになってきた。

大施餓鬼の後で、寺の門から本堂、大師堂へ石の参道をつけるとよい、悪い所を踏まんでよいという事であったので、早速やろうという事で、岸野君と法印様、私と三人で、加西の高室へ注文する積りで行って調査した。すると、五十間もの敷石はなかなか一定の石では請負えないとの事で、帰って相談した。石の事であれば、小豆島へ行ったらよかろう、ここの石も島の石も㊙は同じだから、運賃だけの事じゃからという事で、又三人で小豆島の土庄へ行って、石材会社で交渉すると、今は主任がおらんので確答ができんとの事で、今夜宿へ伺いますという事で宿を案内させて、そして宿へ尋ねて来た専務の話では、軍の注文でつくった石が沢山不用になっているので、そうした仕事にはうってつけの石ですので、どうぞ頼みますという事であった。それでは厚さ五寸、縦四尺、横二尺の石を敷いて、両側に五六の延石を敷いて貰う。延長五十間、そして四尺、二尺の石は少しアールをつけて貰う、アールをつけると少し高くなるという事で、岸野君は頭が大変早く働く男で、石は全部で何歳になる、アールの分は幾らになるからと、先から先と話を進めるので、専務さんも困って、会社へ帰ってゆっくり算盤をしますとて、逃げかえった。翌日注文して、頼んで帰ってきた。幸い誠意をもってやってくれて、途中で一度見にきてくれという事で、又三人で出かけたところが、揃った立派な石が沢山できて、なかにも五六の延べ石を積んであるのが、柱を大工が積んでいるように思われた。

この時であった。小豆島に石屋の学校ができ、明日開校式だから是非出席して貰いたいという事で、吾々も御臨席遊ばして、祝辞をのべられた訳である。偉そうな顔をしてネ。そして、二十二年早々の事であった。石が船で高砂に運ばれ、何も不自由な時代であったが、播州貨物（日本運送の前身）の社長、大橋実次氏にお願いして、高砂から貨物自動車で運んで貰った。私はいそいそと、トラックから石をおろすのに、割ったり折ったりしては大変なので、藁を車に積んで行って手伝いに専念した。それから三十日間、毎日寺へ詰め切りで、配給の酒は自分が飲まないので持っていって石屋の職人に飲ませたり、石屋は五、六人小豆島から来ていたが、お正月は旧の正月なので、正月の雑煮を喰べさせてやりたいと餅を揃えていってお寺へお願いしたり、寝食を忘れてという言葉があてはまるのではないかと思われる。その間、妻の富代が、

「あんた一人がそんなに毎日毎日出張せねばいかんのですか。」

と言う。

「ウン、わしが行かんと支障を来たすのでしようがない。」

と弁解すると、

「内の家も大将が毎日毎日留守では困ってしまう。」

とぼやく。

「内の家位どうなったって何じゃ。」

と無茶ばかり言って、家内に八つ当たりした事をよくおぼえている。そのうちで、田中の柏木弥一郎君が一日手伝ってくれた事がある。そして一回小豆島へ一緒に行かしてくれと言ってついて来て、先ず集合地である私の家で、柏木君が遅いなと言っているところへ、あわてて来たのだろ

う、自転車で早く廻り過ぎて溝へおっこちて、幸い怪我がなくてよかったが、姫路から西へは行ったことがないとか、家の事が気になって心配でならんと言って、はぐれてしまって探していたら闇市場をうろうろしていたり、面白い話題を沢山残した。これも工事中のエピソードである。そしてでき上ったのが昭和二十二年二月二日であった。月夜に本堂の縁から眺めると、真白くて立派になって、何ともいえぬ嬉しさであった。この時石が五、六枚余ったので、みんなにお願いして、一枚記念に戴きたいと言ったら、みんな快よく承諾して下さって、石屋も、

「何にしなさる。」

と問うてくれて、戸ノ口の出た所に敷くと言うと、そんならそのように作って上げようと、合場などをケンコケンコやってくれた。今の古い家の戸ノ口の石である。

そこで話は戻ります。昔、社に柳瀬和泉ノ守という相当実力のある武士がいて、屋敷も相当大きかったらしい。世は戦国の常として、柳瀬和泉ノ守を味方につけようと、内蔵人と名乗る武士が馬に乗って使者として来た。和泉ノ守は体よく味方するように見せて、内蔵人が悦んで帰る所を途中を待ち伏せて、大勢でがんじがらめにふんじばって、あろうことか井戸につり下げた。内蔵人はふんまんやるかたなし。その後、卑怯にもつり下げた縄をプッツリ切ったのである。武士としてくやしい最後であったのである。それで死霊となって付近で戦いや喧嘩や血なまぐさい事

のおこる事を悦んで、三人死んだ、五人死んだと指折り数えてホクソ笑んでいる。そして、和泉ノ守のお嬢さんが駕籠で行く所、何者かに襲われて、非業の最後を遂げる。これを見て、内蔵人の死霊は手を打って悦んでいる始末。その井戸が末永食堂の裏にあるらしい。吉田一三郎氏の言である。それ故現在でも、病院で手術して死ぬというような事や、この付近には娘さんの縁談がうまくいかんということがあるでしょうと言われた。これも持宝院でお供養して貰うより仕方がないとて、本堂で拝んで戴いたがどうしても得心がいかぬらしい。又日を改めて施餓鬼をして戴いて慰めたが得心せず、お代様や余島先生も色々とおっしゃったが、にがり切った顔がほころぼうとせぬ。すると大神様がお怒りになって、

『石になれ。』

と一喝されて、参道の石に封じ込められたのである。とうとう内蔵人の死霊は石になってしまったのである。勿論中央部お浄めの時には、そこも立ち止まってお払いをされた事は申すに及ばず、本町を下へ下って、所々立ち止まってお払いをなされ、佐保神社の前の県信聯の所から、氏神様へお詣りして山門前を町へ貫けた。その時山門前を左へ廻った所で、暫く立ち止まって上を見ておられた。一寸おかしいと思ったが、その儘本町へ出て上へずっと浄めていって、赤岸の観音寺裏の十字路の所迄浄めて帰られた。帰ってからのお話に、

「私が佐保神社を出てすぐ立ち止まったでしょう。あそこの二階（M呉服店の二階）で首をつってますね、私がゆくとすっとお出になるんですよ。」

との話に、

「お代様はえらいことですな、こわいことばかりで。」

と言うと、

「よそへ頼まれて行って、お風呂が湧きましたからとすすめられて、入ろうとすると、そこにつって下っていることがあるんですよ。」

と語られた。

一族七人の不慮の死

竹内正君が来て、一度連れて詣ってくれとの事で、連れてお詣りした。順番を待って拝んで貰うと、いきなり、

「無礼者。」

とお怒りになり、

「その方は訴人したであろう、いくらほうびをもらったか知らぬが不屈者奴、許し難い。」

とて大変なお憤りにて、仲々お顔が柔がない。私もそばでこわくなって、自然に口をついて出た言葉は、

「恐れ入ります、済まぬ事をしております。いくらお詫びしても詫び切れんのですが、昔の先祖、過去の人のしたことで、ここにいる今の人間の知らぬことでございますので、幾重にもお許

し下さいますようお願いします。」

と余島先生も色々謝って下さって、ようやくおゆるしが出てホッとした。すると正君が、わたしの家の者が藪の竹を切ると、きっと誰かに腹痛がおこるのです、そして、女の子が育たんので不思議だと思っているとのことであった。そこでお代様が、

「女の子が育たんのは、氏神様の馬場の並木を伐って無礼をしているようですね。それで、これからあちらもこちらもお詫びをしてお祈りしましょう。」

と言って下さった。

又小寺康夫君が、一度内へお越し願うよう頼んでくれないかとの事で、お願いして参って戴いた。小寺家の御先祖が出られて、色々とおっしゃった。私の知っているのは、康夫君のお父さん(誠一郎さん)が出られて、煙草をうまそうに吸われた。そして、私がわかりますか、と聞くと、誰やろうとじっと見ておられたが、

「アア末永か、よろしく頼むぞ。」

と言われた。そして、

「この家はおかしい、信仰の対象がない、お家の宗教は何宗ですか」

(元から真言宗で弘法大師が祀ってあったが、実は家原へ嫁入りしている姉さんが日蓮宗である

ので、肩がわりをしかけてお大師様の掛図なんか捨ててあったらしい。)

「勿論真言宗で、持宝院の壇家です。」

と言うと、

「それでは南無大師遍照金剛を唱えてお祈りをしましょう。」

と、真先に
「南無大師遍照金剛、南無大師遍照金剛。」

と唱えられて、みんな一同(家原の姉さんも一緒になって)南無大師遍照金剛を唱和して暫くはあたりを圧するようであった。この家に泊って戴きたいとお願いして、一晩泊って貰った。翌朝、私がお迎えに行っておはよう御座いますとご挨拶すると、すぐにお代様の様子が変り、

「空海じゃ。」

とて弘法大師がお出になり、

「この度はよい事をしてくれた。家一軒がつぶれる所であった。」

と大変悦んで下さった。私は法印様にお願いして、弘法大師の掛図を小寺康夫さんの家へ持って行って上げて下さいと頼んだ。すると法印様は持って行ったが、留守であったけど、掛けて拝んで来たとの事であった。それから私の家へも一度来て貰いたいと、頼んで来て戴いた。すると、

今日はお祈りを止めて一晩ゆっくり遊びましょうとおっしゃって、トランプや花札を出して、夜の更けるのを忘れて、賑かに一時過ぎ迄家内中とお代様を交えて面白く遊んで、大変愉快に一夜を過す事ができた。翌日お祈りして戴いた時に、

「水死をされた方がありますね。」

「ハイ、私の妹です。丁度三ツでした。姉と一緒に遊びに行って、他家（光真さん）の井戸でハネつるべに水をくんで、大きい子供が先に飲んで、一番後で飲んだ、するとハネつるべの水が仕舞になって、つるべが上るのについて行って、丁度運悪く、誰も留守の時でして可愛想な事をしました。」

すると指折り教えて、

「七人ありますね、一族の内にですよ。」

と言われた。後で考えて見た。親戚を考えて数えてみて、六人迄ははっきりしているので、一人は野村の末広正夫さんが輸送船で沈められておるので、

「正夫さんを加えると七人ですな。」

「お寺で供養をしておもらいでないと、又、こんな事が起りますよ。」

と言われた。そこで法印様にお願いして、施餓鬼をして戴いた。関係のある家には連絡して詣っ

て貰った。幸いお代様も来て下さって、有難い事であった。施餓鬼が済んで、食事が済んだ時、一番先に、三ツで亡くなった妹（妙晃童女）、俗名玉枝が嬉しそうな顔をして、

「お母ちゃんやお兄ちゃんに会えておまんじゅうをぎょうさん貰えるし、大勢にわけてあげられる。嬉しい、嬉しい。」

と喜んで帰っていった。その次に末永秀太郎さんのお母さんが出られて、秀太郎さんに、

「お前は親切なもんじゃ。」

と背中を撫でたりして喜ばれた。次に大谷の弥三郎（四十五歳で亡くなった）が出て、溝のふちをのぞき込むようにしていたが、

「ア、どじょうが。」

とつかみに行って逆にはまって死んだらしい。その後大谷のお祖母さんが出て、嬉しそうにいそいそとして、めいめいに小遣をやってまわり、私の所へ来て、

「お前には一番よけいやる。」

と言って、財布から出して下さった（九十歳近くなっても歩いて家まで来て泊るのが常であった。私が大きな声で話してあげると喜んで、私が一番好きであった）。次に三草の伯父さんが出て、何か小言ばかり言って、ぷんぷんおこって帰られた。その後、お父さんが出られて、

「今日はよい事をしてくれたの。皆が出とうて、まぜかえしているので、わしがそうそう出るわけにもいかんでのう。それに子供が一番にとんで出てしもうての、そこ迄来て、出とうてうろうろしている者があるのじゃが、可愛想に親父が頑固で寄せつけないので、しょんぼりしている。又わしが挨拶してやらないかんやろ。」

と、大変遠慮しておられる様子が見える。

特に頼んでくれという事で、その頃、肥田仙次さん（今の田中洋品店）の離れの座敷を借りて住んでいた、元、三草の上月きくゑさんの家へ行って戴いた。一番先に、きくゑさんの主人（長らく行方不明であった）、甚三郎さんが出て、ごく控え目でしょんぼりしておられた。私が、きくゑさんに、

「生きている人に言うのと同じように呼びかけてあげなさい。」

と言うと、

「お父さん、早く帰って下さい。」

と言うと、

「帰りたいのじゃが、人目が憚られて帰れんのじゃ、借金の為にの。」

そこで、私が小声で、

「嘘でもよいから、安心なさるように言ってあげなさい。」

とすすめた。すると、

「借金はきれいに払いましたから安心して下さい。」

「ヨウ、四百円の借金やぞ、四百円という金はそうそうできんのじゃ。」

「でも、子供が大きくなって払ってくれましたのです。」

「そうか、借金をかえしてくれたか。有難う。それで安心した。すまん、すまん。」

「それで、安心して帰っとくんなはれ。自分の家です。遠慮せずにどうぞ。」

「すまんすまん。」

ほんとに恐縮している様子に思われた。次に出たのは、若くして結核で亡くなった次男の明君であった。喀血をしていかにも苦しそうに、

「お母さん、一遍お父さんの顔が見たい。」

「苦しいらしいな。お前がいつもこがれていたお父さんは、帰って来ておられるぜ。」

「どこに。」

「その仏壇に。」

「死ぬ前に言った言葉その儘です。」

と、涙を流していられた。「仏壇に」の声に仏壇の方へ向きをかえるのに、懸命な努力、苦しそうな様子、見ているだけで涙する思いであった。仏壇に向き直って、ジーッと見ていたが、今までの苦しそうな顔が、ニッコリと嬉しそうな顔に変り、むくむくと起き上がり、

「お母さん、僕もう病気が治ったぜ、これから僕、働くぜ。」

「有難う。お前が働いてくれるのは嬉しいが、兄さんが戦争にいって、まだ帰ってこんのでなあ。それが心配じゃがな。」

「兄さんはどこへ。」

「北支へ行っておる。生きていると、新聞社では言ってくれるんやけどな。」

「ウン」

と暫くして、

「フン、僕が行って兄さんと変って来るわ。」

と言って、その方向を向いてスーッと消えて行った。その後岡山から嫁に来ている、上月一郎君(長男で毎日新聞記者)の嫁さんの母親が出られて、何も言わずに、襖にもたれたきり、一本の足で立って、じっとしておられた。すると、余島先生が、

「首をつった人はこの様子で出られて、なんぼくれてもこの儘で、抱いて寝かせてあげねば、

いつまでも斃れませんよ。」

と言われて、私も立って、抱いて寝かせた。するとお代様の手、足がこわばって、キンキンで指の節や、関節を折ってあげねば、元通りに戻らない。その後（一郎さんのお嫁さんで、名前はたしか和枝さんとか言った。）母、娘でないとわからぬ事を二、三言話し合っておられた。こうした事があって、三か月程した頃、長男の一郎君がヒョッコリ復員帰還した。

甚三郎というのは、私の従兄弟で下三草でメリヤス工場をしてかなりの生活をしていたのに、少し舞いが悪くなり、投株に手を出し一攫千金を夢みて、今話にあった四百円の借金を背負って妻子を残して、どこへともなく逐電した。賢い男であったから、何とか一旗揚げて、と努力はしたのだろうけど、思うようにはいかなんだらしい。妻のきくゑさんというのは、田中の藤本栄三郎さんの妹で、私の家へ度々来て、よく泣いた人である。それが長男の一郎君が復員して帰って来たのに、そんな嬉しい時には何も知らさない、勝手な人じゃと話し合ったものである。

お代様と社町の人々

金川菓子屋のおばぁさんが大病で、何どきかわからん、という事であった。お代様が頼まれて行かれた。私が夜おうかがいした時、金川へ行っておられるとの事で、模様を聞きたいので、お帰りを待った。すると、一番に金川実さんのお父さん、萬吉さんが出られたそうな。すると実さんが、

「お父さん、なんであんな死に方をしてくれたんや。」

とうらみ言を言うと、

「オオ、すまんことじゃ。わしもあんな死に方するのじゃなかったが、この東の〇〇豆腐屋のおばあさんが、何回も来て、〃あそこの奇麗な水で一遍洗いなはれ、そしたら目が治る。〃と言うて、手を引っ張って連れて行って、岸迄行くと後からどっと突きはるんや。わしは目が見えんし

どうもしようがなかったんや。」

「そんなら、お父さんは、あの池（庄源池）の中におってのか。」

「イヤ、わしは今、お寺のお施餓鬼のお陰で大勢の人と一緒に助け揚げられて、有難い事やと感謝している。そして、今は、又お前（おばあさん）を連れて行こうとして、手を引っ張っているので、わしがそれを行かせまいとして一生懸命引っ張り合いをしているのじゃ。」と言われたそうです。それで、おばあさんの手足や腰が痛くて困られた。その外、おばさんの先祖で丹波の磯生（いそう）に墓のある赤穂の義士、原惣衛門様が出られたが、因縁さんは得心せず、明日又行きますとの事で、又翌日夕飯後ゆっくりしてからお伺いした。すると、又々前の因縁、豆腐屋のおばはんが出て、余島先生が、

「○○さんですか。あんたは帰る所があるのですから、その仏壇へお帰りなさい。あなたの来る所ではありませんよ。」

「あんな家へ帰るもんか。自分らは御馳走を食べてて、わしには冷飯にこおこだけや。あんな家へはどうしても帰らん。」

と、どうしても得心してくれんので、又明日行きますとの事で、その翌日、又行かれて、漸く得心してくれた。

「大変な苦労させられた。」

と言っておられた。金川のおばさんは、いつかわからん程の病人だったのに、翌日十五日正月にお礼詣りに、詣ってこられた。その後隣の煙草屋依藤さんの奥さんが、

「金川のおばさんがえらい悪いそうな。一遍見舞いに行かねば。」

と来られた。すると、病人は留守であったというような話も聞いた。そこで金川は持宝院で施餓鬼をして戴く事に決められた。お代様は西脇へ頼まれて行かれたが、私が社へ行ってお寄りしている時に帰って来られ、西脇も後へ後へとお客さんがつかえて忙しくて困っていたのに、神様が俄かに、

『社に用ができたからすぐ帰れ。』

とおっしやったので急いで帰って来ました、何の御用じゃろうと思っていたら、金川が施餓鬼の日を、二、三日早めて、明日にしたらしいとの事であった。こうした事があってから、金川のおばさんは、これ迄は按摩をよく頼んでいたのに、あれきり按摩代がいらなくなって助かるという事であった。お代様が社へ来られると、大勢のお詣りで、藤原様の座敷はいつも一杯である。なかには、そんな不思議な事、一遍ためしてやろうと思って来る者もあって、神様が出られて、

『そちの来る所ではない。無礼者奴。帰れ帰れ。』

と追い帰されすごすご逃げて帰る者もある。私が一番気の毒に思ったのは、自分の犯した罪悪が目の前に出る事である。喜田村のHさんが詣って来られて、その時、

「あなたは奥様以外に子がありますね。」

「ハイ。」

「一人じゃありませんよ。二人ありますね。」

「ハイ。」

と恐縮していた。そして、

「一人は生んだのを知っていますが、もう一人のは知らんのです。」

と。すると若い女が出て、

「わしの子じゃない。」

と言われたとて、しょんぼりしていた。

「おとなしい娘さんですね。あんまりうらみ事をおっしゃらないけれど、子供を腹に抱いてドブンと行っていられる。罪な事ですね。あなた奥さんはどうですか。」

「ハイ、生き別れしています。母親と意見が合わんのでな。」

「今のこの方のお供養を特にしてお貰いでないと、あなたは辛棒してよいとしても、又息子さ

んのお嫁さんが、うまくいきませんよ。」

との事であった。実際こんな事があって、

「穴があったら入り度い気がした。」

と話していたと聞いて、ほんとにお気の毒に思った。

数々の因縁解き

喜田村の堂の付近一帯は、もとは七堂伽藍が建ち並んで仏教の地方に於ける中心をなしていた時代があったらしい。さしもの立派な建物も、戦火にあって灰と化したのだが、その有様がまざまざと繰り広げられたが、もう少し文章にするには、不十分であったけど、親友の大村要君が来て、

「大村家の大先祖は、お公卿さんじゃ。それで何ぼ困っていても悪い事をする者がない。」

とか、いろいろと話をしていた事が嬉しい収穫になった。大勢が詣って、各々因縁が出て、病気や災難の原因を知って帰って行くその話を、聞いたり見たりしてその恐ろしさに驚くばかりである。

私の長女の貞子が、扁桃腺がはれて大変な熱を出して、おかゆも喉を越さない。お代様に話を

して、頼んで来て貰った。お祈りをして戴くと、話をせぬとわからんが、私の家の前の家は、私の父の弟が、家を買って住んでいたのである。その前に住んでいた人が障っているとて、出てきた。余島先生が、

「あなたは、帰る所があるでしょう。そこへお帰りなさい。ここはあなたの来る所ではありません。」

と言われ、素直に、

「ふん。」

と言って帰っていった。お代様は鰌が大変お好きなので、鰌のまむしに、鰌御飯をして食べて貰った。

「鰻よりもう少しおいしいですね。」

と言って食べられた。すると今迄おかゆも喉を通らなかった貞子が、

「私もその御飯を入れて下さい。」

とて、鰌御飯を一膳ペロリとたいらげてしまった。やれやれと、その夜一夜明けると、元の木阿弥で、又おかゆも食べられず困ってしまって、又もお代様の所へとんで行って重ねてお願いして来て戴いた。すると前の因縁さんが出て、

「一度は帰ったのだが、どうもわしがおれんので戻って来た。どうぞ頼む。」

と言う。余島先生が、

「ここはあなたの来る所ではありませんよ。あなたもおとなしく帰って、置いて貰いなさい。」

と言われる。

「わしはどうしても帰って仏壇へ這入っておれんのじゃ。どうぞおとなしくするからここに置いてくれ。頼む。」

と言って両手を合わせて拝む。それで私は、

「家内の者に迷惑をかけずにいるなら置いてあげよう。」

と言いかけると、余島先生が、

「待ちなさい。だまっていなさい。」

と差止められた。

「あなたも、帰る所がなければしようがない。しかしここはあなたのいる所ではないのです。それでは神様にお願いして、あなたのいる所を決めて戴きましょうね。」

と言われた。少時してから、嬉しそうな顔をして、

「えろう心配かけてすまん。わしは隣の神様（神明神社）の所で、お給仕をして置いて貰う事

になった。」

とにこにこして帰って行った（こうして、いるべからざる人は帰るなり）。何とかして貰わんといかんらしい。それから貞子は勿論よくなるし、その仏のさわりという事はなくなった。

私がO自転車屋へ行くと、

「えらい先生が来てやそうなのう。」

とお代様の話をするので、

「ウン、何ぞ見て貰うのか。」

と聞くと、

「うちの子供が八歳になるが、この八年間あちこちの医者にかかって何ぼ金を入れたかわからんので、一度おがんで貰いたいと思うんや。」

「そうか、こんど来られたら知らせてやろう。」

と約束した。ところが一度来られた時に、ウッカリ忘れていた。すると、今度出会った時に、

「この間、先生が来とったそうなのう。」

と言われて、

「オオ、すまんすまん。お前との事すっかり忘れてしまって申し訳ない。今度九月に来られる

から、その時は必ず知らせてやる。」

と再約束した。すると九月一日に自転車屋の娘がやって来て、

「九月いうとったがいつ来てや。」

と催促である。

「九月と言っても今日は一日やで、来られる時は通知があって、わしが大阪迄お迎えに行く事になっているから、その時は一番に頼んでやる。」

と言って帰らした。そして、九月十七日大阪へお迎えにいって、石切さんへお供したりして、十九日夕方に社へお着きになった。その時は、二十日に布施のひとのみち教団の幹部、湯浅、橋本さんが見える事になっているとかで、一般のお祈りは休み、そして大変疲れているので二、三日お休みしますとの事であったけれど、

「お疲れの所無理を申して恐れ入りますが、自転車屋の子供だけ、一つお願いします。」

と無理に頼んで、

「それでは。」

とおっしゃった。八歳の男の子（幸治という）、両眼目のふちが赤くただれ、めちゃめちゃといってもひどい目であって、目やにがいつもまぶたを閉じて見えんようになる程の子供をつれて詣

って来た。

「ほんに可愛想に、神様にお願いしましょう。」

とお祈りして下さった。そして、

「明日から毎日一人で詣って来なさい。」

とおっしゃった。それから四、五日して、

「今日は自転車屋へ参りましょうか。」

と言って下さって、案内をして行った。先ず屋敷を浄めて戴くといろいろな因縁が出られ、物凄い因縁があるらしい。自分らが想像もつかぬような情景で喧嘩して殺し合う光景、放火して喜んでいる有様を見て、

「ああ、何事も因縁に引廻されるんやな。」

と感心した。O君が若い頃、自分の持家、貸家に保険金欲しさに放火して、大事にはならなかったが、六年の刑を受けたことがある。これなども因縁によってかくさせられたのじゃな、そして因縁が因縁を呼ぶといって、罪悪を重ねるらしい。恐ろしい事である。

「子供に、蝸を焼いて味を付けて呑ましなさい。」

と言われた。かくして毎日子供は詣っていたが、ぼつぼつよくなって目が大分治って見やすくな

って来た。ところが、

「沢山の因縁のお供養をしてお貰いなさい。」

と言われて、私に、

「寺へ頼んでくれ。」

との事で、

「よしそれでは十月十七日、祭日の翌日、夜にお願いする事にしよう。」

と約束をした。そして十月十五日、宵宮の夜、私はお代様の所へ寄った。すると、行くなり、

「末永さん、えらい事ですよ。」

と言われた。

「何ですか。」

「あの自転車屋の子供の目が、又元の木阿弥やて。」

「へー、それはどういう訳ですか。」

「あのお供養取り止めにしたんやて。そうしたら子供の目が一遍に元へ戻ってしまったそうよ。」

「へエー、そんなにてきめんに響くのでしょうか。」

「ほんとになァ。」

と話しているところへ、法印様が入ってこられて、

「何のお話ですか。」

と言われて、一部始終をお話して、

「実は、法印様に頼むのが遅れているんですが、十七日の夜、お家でお願いする積りでした。」

と話をすると、

「ありそうな事ですな。しかし末永はん。あんたボンヤリしとらんと、早よう行ってあげなはれ。」

と言われて、私はさっそく自転車屋へ行った。夫婦共に店の間に腰を掛けて、ションボリしていた。私が、

「どうしたんや。」

と言うと、

「どうもこうもないのや。ない袖はふれんでの……」

と言うと、

「子供はどうしている。」

と言うと、

「二階へ上って、あした祭やけど、太鼓が出ても見られへん、と言うて布団かぶって寝とるねん。」

「そんな事して子供が可愛想やないか。」

「可愛想やけどしかたがないのや。」

「しかたがないて一体どういう事や。」

と尋ねると、

「恥ずかしい事やけど、お供養をして貰うのにも金がいる。実は兄貴とうまい事言うて、半分ずつする言うて、実は兄貴の分で全部すませる積りやった。ところが俄かに兄が、家は別に何もないから供養は止めるというて来た。もともと何を言うても本家が第一番やおもうてのう…。」

「阿呆、そんな事いうても困るのは、おまえやないか。そんな思いやりのあるような兄貴と違う。そんな横着な事考えるのは、君の間違いや。お前がやらな誰がするのや。」

「ソラそうやけどのう。実は明けた話が明日は祭りやけど、子供等に食わす米もないんや。なりの悪い事やけどのう…。」

「ホウ…、そんなに困っているのか。わしは又、なんぼ困っていると言っても自転車屋をしているんやから、それ程とは思わなんだ。よし待てよ、わしも持宝院の老僧に、『米七粒あれば千人の餓鬼に施せる法がある』という事を聞いている。お前も今すぐこい。今、法印様もお代様の所に来ておられるから、本当の事を打ち明けて頼め。お二人共、いやとはおっしゃるまい。」

と言うと、

「わしは上手に言えぬ。」

と言う。

「そんならお前は頭を下げてすみませんだけ言え。わしがよう頼んでやるから。」

と言って連れて来た。そして皆様の前で、実はこうこうしかじかと、あった通りの事をお話して、

「法印様、私は老僧様から米七粒あればという話を聞いています。それで、あなた方には申し訳ない事ですが、これでは金のある者は供養もでき、幸福になる事ができるが、貧乏人は供養もできず、いつまでもしあわせはつかめん事になりますので、懸り合わせやと思うて、共々にお供養をして戴くよう、お願いします。」

と頼んだ。するとお二人共快く引受けて下さった。いかに心やすいからとて、なんぼむこうみずやとて、あつかましい事を頼んだものであると、つくづく考えさせられる。家へ帰ってその話をすると、妻の富代や、子供達が、

「可愛想に。」

と同情して、

「自分の食べる分を食べんでも持って行ってやりたい。子供が多いのに可愛想。」

と、子供（幸代）にすしや甘酒を持って行かせて、子供に食べさせて喜ばせた。そしてお供物を持っていって、

「これをお供えしなさい。私の家は又別にお供えして上げるから。」

と話しておいた。

「十六日は氏神様のお祭りですから、此方も玉光大神様のお祭りをしましょう。お釜を焚いてね。」

とおっしゃって、私等もお詣りをして一日愉快に遊ばせて戴いた。そんな時に、お代様のあちこちのいろいろな話、因縁の話を聞かせて戴くのが、ほんとに楽しく有難い思いである。いろいろ話のうちに、私は、

「お互い人間、相手の思うてる事がわかったらよいのに、と思う。そしたら悪い事はできんだろうと思います。」

と話をすると、

「そうですね。それに違いない。ところが私にはわかるんですよ。」

とお代様。私が、

「これはかなわんな。」

と言うと、

「わたしはごく平凡な女であるぞよと、神様から始終言われているくらいですから、わたし自身では何もわかりませんが、神様にお願いしてお話ししていると、相手の心の中迄すっかりわかります。」

とおっしゃった。私も最初の頃に、

『そちは気狂いあつかいにしられると思うとるな。』

と言われた事があるので、成程なあと感心も得心も一遍にした。

翌十七日は、約束の自転車屋の供養の日である。私は拵えをして供物を持って、

「サアお寺へお詣りしようか。」

と出て行くと、珍しく、本家の兄貴が来ていた。しかしほんとの着流しに、素足で、お寺へお詣りするという恰好ではなかった。お寺では厳かに老僧、法印様、若僧、それにお代様、余島様が御出席下され、O家の施餓鬼が施行された。その後でO君のお母さんが出られて、大変嬉しそうに、私にも礼をのべられた。それから幸治君の目はだんだんよくなって、遠足に行ったと喜ん

でいた。

私が嬉しく思うのは、お代様があちこちへ行かれるのに、若い栄映が、親の言いつけとはいいながら、自転車の後に乗せて、時には手引きのリヤカーを引っ張って行ってくれた事である。お代様が、

「末永さんとこで一日遊びましょうか。」

とおっしゃって、お二人を家へ案内して門まで着くと、大阪のS夫婦がM雄を連れて来たのと一緒であった。そのM雄が普通の様子でない。気がふれている。遊ぶ心算で来られたお代様も、しかたなしにお祈りをして戴いた。すると、母方の因縁が出て、成程と思われるような、腹をたてたり、怒ったり。と言うのは、母方の先祖というのは、紀州の殿様だったらしい。殿様という者は横暴で、好き候の振舞いをして、たとえば、妾を何人も蓄えたり、家来は自分にへつらったり、意に添う者はよいが、逆う者は、忠臣も見境いなく、首を打ったりするもので、妾や家来のうらみなどで際限がない。明日もう一度お詣りしなさいという事で、翌日、又お詣りした。宮大工やった人が、釘を口にくわえて上の方を向いて、コンコン打っていたが、足場から落ちてコロコロと遠く迄ころんで、死んだ人もあるらしい。その後、いくつも因縁様が出て、ホロッとする位である。しまいに、

「この子は兄に委して帰りなさい。あんた等は商売で忙しいやろうから、兄さんに任して頼んで帰りなさい。」

と言われた。聞いて弟夫婦は喜んで渡りに舟である。重荷を下して、いそいそと安心して帰った。任されたこちらこそ災難である。しかし、甥であるので、何とかしてよくしてやりたいと思って、家内中が一生懸命である。S等が来た時の話では、

「どうも調子が悪いので、静かな所で静養させよう。それには大谷のNさん所の下の納屋を借りて、母親をつけて養生させる考えで、その交渉を兄に頼む心算でやって来た。」

と言う。そんな事をしたら、因縁にとりつかれて、親も子も水に誘われて命を果たす事じゃ。そんな事になっては大変だからと思って、M雄の長い養生が始まった。お代様はいつも社にいて下さらんし、月々発作が出る。発作が起ると、M雄でなく、因縁そのものがM雄の体を借りて、乗りうつっているので、勝手がちがう事夥しい。布団の中で小便するのは平気だし、ツバをあたりかまわず吐いて、いやらしいたらありゃしない。それでもM雄がしているのではないと、みんなよく介抱してくれた。そこで法印様に相談した。法印様は不動経の書いたのを下さって、

「これを唱えてあげなさい。」

と言われた。それ迄は「般若心経」を唱えていた。帰って病人の枕もとで「不動経」を唱える

と、病人はこわそうに逃げまわる。その事を、法印様に話すと、

「仏教での教えの通りですな。」

とおっしゃって、

「大抵の事ではないが、私もお手伝いしましょう。」

と、度々私の家へ夜間においで下さって、寒い冬の夜、「オクリコト」をして戴いたり、恐縮する事ばかりである。ところが、発作が出て家内中を困らせるのは半月ばかり、その最中なんか私は夜通しである。夜が明けても雨戸は明けないで締切り、昼も電燈はつけっぱなし、夜、昼なしにお経を唱え詰めの生活、本業の百姓もできるだけは、気を付けて働いたが、手遅れ勝ちである。半月過ぎるとスーッと普通に戻るのである。しかし憑いている因縁も時々交替するらしい。男性的な時、至って優しい女性的な時もある。時々大変暴君になって、腕を振ったりする。そんな時は女の手に合わんので、私がいて取り鎮めねばならん。それでも因縁が退いて普通になっている時には、運動も適当にさせたいと思っていると、栄映が、

「どこぞ野球のミットやグラブが無いかしら、ボールを借してくれたらなア。」

と言うので、岸野君に頼んで、新しく買ったばかりのミット、グラブ、ボールを借りて来て遊ばせようと思って、栄映の用事がすむ迄、

「お前、一寸預かって持っておれ。」

と言うと、非常に喜んでいたが、さて栄映が用事をすませ、

「さあ、M雄、キャッチボールをしよう。ボールを持って来いよ。」

と言ったら、もうない。

「ここに揃えて置いていた。」

と言うのだが、みんなして探して見たが、何処にもない。早速、岸野君とこへ行って事情を話して、あやまって、

「弁償させてくれ。」

と、いろいろ頼んで、買ったばかりというので、結局三千円を支払った。自分としては痛かったが、しかし思えば狂っていたM雄に、今正常になっているからといってすぐに信用したのが、手落ちじゃったのではないかと思う。ところが、まともの時にはしおらしい事を言う。丁度家内中が風呂場を直す相談をしていた。

「柱を二、三本と板を大分買わねばならん。」

と話していた時、M雄が、

「おっちゃん、一寸待っとり。僕が元気になったら材木を買って、トラックに積んで持って来

て、方々直そう。それくらいの事をしても罰はあたらんやろう。」

と言った。この言葉を聞いて、あっけに取られて、みんな顔を見合わせて、

「家を建てる時には、材木を沢山トラックで運んでくれるじゃろう。」

と言い合ったものである。その事を、法印様に話すと、

「それが本心でっせ。」

とおっしゃった。発作の起る時は、天気の善し悪しなんかお構いなしじゃから、田圃のできる間休みで、平常に戻ると雨降りというようになって、麦のできの悪い事、草ばかりで、全然話にならん。Sには、発作が起るたびに、親じゃから知らせねばと思って、葉書を出して呼んだが、恐がって逃げ廻って寄りつく事をさける。親のくせに頼りない事此の上なし。そのうえ私に相談もせずに、法印様に相談したらしいけど、こんなに困っているM雄を、天王寺高校から社高校へ転校させようとしたという事は、親として子の教育について、一般の考えからすればあたりまえであったかも知れん。しかし、これ程困っているのに高等学校がなんだ。卒業証書欲しさの教育なんて。私に言わしめれば、何の価値も認められない。それに高校へ行って頼んでやるのは、私が行ってやらねばならんという、因果な廻り会わせ。頼んで、少しは高校へ通ったが、何と言っても、月の内、半分は異常があるのだから、不合理も甚だしい。友達が多くなればなる程なりの

悪い事が多くなる。情ない事である。田植えの最後の日、大勢の人に手伝って貰っていた時に、寝巻の儘、「不動経」を覚えてしまって、唱えながら稲荷様の西を通って、野菜を作っていた裏の田へ行ってしまう。手を使っていた私は、仕方なしに迎えにいって連れて帰った。翌日、豆植えをしていると、人に伝言して、

「西浦の藪の所迄来てくれ。」

と言う。田植えがすんで豆植えといえば、一番疲れて、歩く足数も倹約したい時であるが、仕方なく行って見ると、SがM雄を連れて、お寺へ行こうと此処まで来たら、藪の垣にもたれて動かないと、父親がいてやんちゃな事である。私が行けば、わけなしに帰って来る。帰る途中、心安い人が、

「末永はん、なんですか。」

と言われて恥ずかしい事此の上なし。発作の起きてる時は、夜となく、昼となく私は一生懸命祈りつづけ、

「此の真心は通じんものか。」

と神や仏に小言を言いたくなるくらいである。只、可愛想なと思う故、永い間の介抱を家内中が一心によくつとめてくれて、嬉しく感謝したい気持である。法印様の弟子にして戴く事になっ

て、老僧、快賢大和尚の執刀で得度式をして戴いた。立派な衣を新調して戴いて、大変なお世話になった。それから暫く、お経の稽古に持宝院へ通った。すると、近所の人々のうるさい口に困った。

「大阪からどっさりお礼がとどいているのであろう。そうでなければ何も言わずに、永い間、ならぬ世話をできる筈がない。」

と言っているという事を耳にして、家内中が腹を立ててぷんぷん怒る。そこで私は、

「人は何もわからずに、好きなように想像して、勝手な事を言いふらすのだから、言いたいように言わしておくより仕方がないが、どんな事を言われても、こっちは痛くも痒くもない。」

と聞き流す事にした。しかしその頃、娘の縁談があちこちからあって、聞き合わせが、度々来ていたらしい。それに村の人の一部の人だろうと思うけど、

「あの家は、あの通り精神病の筋や。」

と言ったとか聞かされて、流石の私も一本まいった。人の口には戸を立てられぬとは思い乍らも、適齢期の娘が可愛想になってくる。お代様は、

「この方の修業して落着く場所は、東の方にありますね。」

とおっしゃった。今になって考えると、与野（三重県）の事だろうと思う。余り長くなるから

と、大分ましになったのを潮に大阪へ連れ帰った。発作の起きた時は、病院のお世話になった。病院へは、私も度々見舞いに行った。お代様は方々お浄めして下さった。

或る日、

「私に、今晩つき合って下さい。」

と言われた。その夜は満月で、一点の雲もないよく晴れた夜であった。麗光院様のお墓へお詣りした。そして、夜半に大師堂へお詣りした。すると大師堂には先客があった。お大師様の正面に白い着物に、白い羽織、といっても柔か物、白縮緬の上下という装束で一心にお祈りの御様子を見てハッと一瞬お邪魔をしてはとためらったが、しかしお代様や余島先生と御一緒だから、度胸を据えて、一心にお祈りを続けていられる気高い女性の後に坐って、「般若心経」を唱えはじめた。すると慇懃（いんぎん）に、

「お邪魔をしました。」

と挨拶をして、東側に畳が四、五畳敷いてあった所へ行って、坐って待っておられた。そして我等が「般若心経」を二十一巻上げて、

「お邪魔して済みません。」

と御挨拶申し上げると、

「御苦労さんです。」

としっかり返礼されて、我々の立った後、帰られるように思われた。堂内はこうこうたる月夜で、昼のように明かるかった。この時の歌。

麗光を浴びて墓前に額づけば

まぶたにうつるなつかしのかげ

その時は、お代様と一緒だという事を忘れて、お尋ねする事をしなかった。殊勝な信心家じゃと思って感心したのじゃが、後になって、お代様に聞いておけばよかったと惜しまれる。持宝院でも話したのだが、そんな時刻に大師堂に唯のお一人で籠ってお祈りしておられるという事は、平常は見られぬのではなかろうか。気高く感じられた白衣の女人は、麗光院様の姿ではなかったか。そう思うと、その姿、形がそっくりのように思えてならない。

御神言で源平和睦の社建立

一日、佐保神社の神主の神崎寿景さん（私の五年、六年生の時の先生）が持宝院へ来られて、お代様にお祈りをしてお貰いになった。すると、神崎家の先祖が出られて、いろいろと話をしておられたが、やがて佐保大明神がお出になって、

『わしは、こちらに（と本堂の方を指して）いるからよいが、屋根が雨漏りして、ほっておいたら腐ってしまう。』

とおっしゃった。すると、神主さんは、

「そんな筈はありません。私は毎日神殿へ上って見ておりますさかい、別条おまへん。」

と。お代様の言葉、否、お代様の口を借りて言われる佐保大明神のお言葉に対し、口返答をされた神主様、年甲斐もないと得心した。すると大明神は、さらに鼻をつまんで手を振って、

『臭い臭い。』

とおっしゃって、顔をそむけられた。その頃は食糧事情が悪く、神主様は境内を堀り返して、薩摩いもを作ったり、菜っ葉なんかを植えておられた。お代様は、何回も「たんご」をになう真似をされ、鼻の先で手を振って、

『臭い臭い。』

といやな顔をなさった。翌年になって、屋根替えする事になって、屋根をめくると雨漏りしていて、もうすぐ腐る所であったそうである。神主さんは反省された事であろう。岸野君が氏子総代をしていたから、よく話を聞いた。

持宝院では、佐保神社の御神体をお返しする事になり、お別れの式を行なわれた。昔は神仏混合で、佐保神社も、社務所の神主、持宝院、善龍院、一乗院が交代でお祭りをしていたらしい。明治の頃、神仏分離の法令が出て、役人が御神体を調べたらしい。その時、佐保神社の御神体が、「仏像である」という事になって、その頃当番であった持宝院へ預けたものらしい。老僧のお若い頃らしいが、預かった責任上お厨子を造って本堂の内にお祀りして、預かっておられた。我々も初めて、その式の時に拝まして戴いた。そしてその年の十月のお祭りのお神輿で、お迎えに行って帰って戴く事になった。その時私も、紋付袴でお迎えにいって、老僧の命によって、お

厨子を捧持して行列にしたがい、佐保神社迄お送りして、大役を果たして嬉しかった。

岸野君の家で、いろいろあった後で、

「鳥居の藪で果てられた畠山信政公を神様として、お祀りしよう。」

と岸野君と私が言った。一度お尋ねして貰いたいとお願いした。すると、畠山さんが出られて、

「神に祀ると言ってくれるのは、此方として異存があろう筈がない。祀ってくれるなら、石が腐らんでよかろう。」

とおっしゃった。すると、平重盛公や資盛公など、大勢の大将がお出になって、

「おまえたちは、源氏の者が集って、源氏の大将を神に祀る相談をしている。併し、平家にも苦労したものが沢山いるのを忘れぬようにして貰いたい。」

と、大将方がかわるがわる訴えられた。そこで私等は、

「今の時代に源氏や平家と争いをしていられては困りものである。早急に和睦提携して戴かねばならない。」

と申し上げた。そこで、今晩、夜半に持宝院で和睦の式をして戴こうという事になった。時間待ちをしている時に、田中の柏木弥一郎君がやって来た。そして、

「そんな有難い式があるのなら、わたしも参列さして戴きたい。」

と願い出た。すると、

「神様にお伺いしてお許しがありましたらね。」

とおっしゃった。柏木君は私に小さい声で、

「わしは罪が深いので、どう言われるかわからん。」

と心配していた。午後十一時になったので、

「ぼつぼつ参りましょう。」

と持宝院へ行く時に、お代様が、

「私を自転車に乗せて送って下さい。」

と柏木君に言われた。柏木君は喜んで、自転車の荷台にお代様を乗せて、歩いて我々と一緒に持宝院の門の前迄行ってお代様を下した。そこでお代様は、

「お気の毒じゃが柏木さん、お許しがありませんよ。ここからこの儘お帰り下さい。」

と言われて柏木君は、しおしおとして帰っていった。何となくあわれであった。お代様は、

「何とかしてお許しのでるようにと思って、わざとわたしを自転車に乗せて貰ったけれど、この位の付焼刃的な功徳ではお許しになりませんでした。」

とおっしゃった。寺へ入って、法印様にこの話をすると、

「なる程、そんなものですかな。」

と感心しておられた。愈々十二時になって、上段の間において、お祈りして和睦の式が始まった。先ず太陽をなぞらえた平家の赤旗と、大勢の大将方が集まりの御様子、此方は濁りに染まぬ源氏の白旗と、どちらも甲、乙つけ難い勢いで、人馬の音も物凄く思わせられる。暫く沈黙が続いてから、源氏、平家の皆様、互いに握手を交し一せいに、

「北の方の守りに赴く。」

とおっしゃって、勢よく出向かれた。その後にて、大神様がお出になって、

『源光』

と指で書かれて、

『石がよかろう。』

とおっしゃった。それで私は、家の地神様を祀るような祀り方はいけない、村中の人気を盛り上げるべきだと考え、村中の人に集まって貰い、畠山さんの御最後の事や、今後の祀りの事などを相談した。その前に、藪の持主に相談するべきだと思って、家原の山本市太郎さんの所へ行って、事情をよく話をして、

「神様の敷地だけ借して貰いたい。」

と頼んだ。すると山本さんは、快よく承諾して下さったので、村中の相談に持ち込んだ。先ずお祀りする事に賛成を得た。そして、私は皆様に幾分でもかまわないから寄付をお願いしたところ、快よく引受けて下さった。そして、隣保二人宛周旋人となって戴いて、総ての事を相談して、工事も全部お願いをした。そして、後々迄のお祀りについて、私等のいる間は何としてでも、お祀りしようと思うが、栄枯盛衰は世のならいと言うから、村となると永久に絶えないだろうからと言って、村中して稲荷様のお祭りに一緒に年三回お祭りする事に決めて戴いた。そして周旋人には、東隣保は、萩原円次、藤本庄次、中の組は、竹内正、末永藤次郎、西隣保は、藤井丑次、末永庄蔵の各氏にお願いした。そして、一番下の台石は、藤井丑次さんが寄付して下さった。石のお社は下滝野の石屋さんに造って貰い、お社の台石や土台石などは、岸野君が出してくれて、かくして皆様のお力によって、小さい乍らお社ができた。そして、お代様に御神体を造って戴いた。厳かに入魂式を行なった。お代様のお詣り下さった時に、平家の大将悪七兵衛景清が

「おや。」

とてお出になって、

「畠山氏が羨ましい。わしも一緒に祀って欲しい。」

とおっしゃった。そこで私等は、

「源平の和睦もできたのだし、一緒にお祀りしても不思議はない。お望みとあれば一緒に祀らせて貰いましょう。」

と申し上げた。すると、大変お喜びになって、

「畠山氏、よろしく頼む。」

とおっしゃって、畠山信政公は、

「火災と疫病を守ってとらせる。」

とおっしゃった。そして悪七兵衛景清公は、

「腹痛と眼病をかなえてとらす。」

とおっしゃって、源氏の大将と平家の大将が仲よく一堂に治って、我々を守護して下さる事になって有難い事の極みである。

お代様は、その頃小豆島の土庄に接する岩淵という所に、教会を持っておられた。私も一度教会へお出会いに行った事がある。その時、付近の名所を、お代様、余島先生も御一緒にいろいろ案内して貰い、奇麗な田山へも登った事がある。

お代様と快賢老僧

持宝院の住職田村家は、老僧快賢大和尚が丹波の柏原の生まれで、その先祖が失火して、隣の家迄焼いてしまった。実はその失火というのは放火であった。先祖という方は大変よい男であったらしい。近所の娘さんがひそかに思いを寄せて、大変熱心だったらしい。それに御本人は気がつかずに、他所からお嫁さんを貰って円満に暮していた。すると逆上した娘さんが、火をつけて、自分は離れた所から眺めていたが、パッと燃え上るのを見届けて、池に入水して死んだ。そして、焼かれた隣の小母さんが、おこってしまって、

「一生懸命働いて拵えたものを灰にしてしまって。」

と悔む。小父さんは男らしく、

「悔んだ所で、どうにもならん。先方も焼こうと思ってしたんではないのだ。災難やと諦めて

しまえ。先方もあんなに謝っているじゃないか。」

とこんこんと諭していたが、小母さんはどうしても聞かない。

「何といっても、娘の衣裳など焼いてしまって、腹が納まらん。」

と、遂に狂乱のように泣きさけぶ。しかたがないので、田畑で償いをして、その土地にはおれず、子供等は仏門に入ったらしい。その一人が何処かの山寺へ小僧に行っていたが、或る日、和尚さんが法事に行かれた。その日は大雨で、和尚さんの帰りが遅いので、心配して小僧さんは傘をさして提燈をもって山を下りて迎えに出かけた。すると、山下の川の水がふえていて、橋を渡って行こうとしたら、橋が落ちて橋と共に濁流に巻き込まれた。

こうした因縁もあって、老僧の兄さんが、光明寺の花蔵院の住職をしておられた。その兄さんが、大雨の時、雨漏りがするので直すべく屋根へ上られた。そしてすべって、屋根から落ちてそれがもとで亡くなられた。屋根からすべり落ちても水死という事である。因縁というものは恐しいもので、同じ大雨のその日、老僧も雨漏りを防ごうとして、外迄出たのだが、塀の瓦を撫でてみて、これはすべる、危いと思って止められたそうである。

「光明寺と持宝院で、兄と弟が同時に同じ事を考え付くなんて、因縁というものの恐しさに身振いする。」

と言っておられた。老僧のたしか、七回忌であったと思う。丹波から三人か四人か、法事に来ておられた。私も一緒に呼ばれて御馳走になったが、そんな話をする時が無かった。

法印様は高野山に行かれて、お代様の事を、いろいろ話をされたらしい。すると、

「是非、一度高野山へお越しを願いたい。」

という事になり、法印様の案内で高野山へ登られた。法印様の話を聞いた高野山の坊さんは、お叱りを受け、閉口していたそうである。今の坊さんの考え方などを指摘されてグウの音も出ず、冷汗三杯という事だったらしい。ところが、支那の僧が出られて、支那語でいろいろ言ったが、わからないものの手真似でうすうすわかったところによると、戦前支那から研究生が数人来たらしい。その時、関係者で記念写真を撮った。その写真を、送っておらんので、

「送ってくれ。」

という事であったらしい。

こうして外国人が出た時には、お代様が、外国語をペラペラとお喋りになる。不思議な、あたりまえの事である。蒙古人が出て蒙古語を、仏印で亡くなった人が出た時は、マレー語をお喋りになったそうである。私の知っているのは、その頃社にいて、闇商をして大変儲けて、巾をきかしている朝鮮の女がいた。名前は忘れたが詣って来て、

「時計がなくなった。」

と見て貰っていた。その時計は、

「東北の方にある。」

とおっしゃった。その時、朝鮮のお母さんが出て、二人親子の間で何やら言い合っていた後で、

「何を言っていたか。」

と聞くと、あれはお母さんが、

「帰って来い、今迄は日本でよく儲けたけど、これからは儲からんからみんなはき出してしまう。早く帰って来い。」

とやかましく言うていたという。そばにいた我々には、ちんぷんかんぷん、何の事やらわからない。お代様がお喋りになるのにはあきれた。詣って来る人の中には、いろいろの因縁に苦しんでいる人がある。大勢の人で、午後から頭が痛い。これは憑かれたのかも知れない、と思っていた。すると余島先生が、

「頭が重いと思っていたが、Yさんが帰られたら頭がスーッとしましたね。」

と言われた。そこで気がついた。私も先生なみに感じるようになったのかと。Yさんには悪霊がついて来ているから、帰られたら一緒に帰るから、スーッとする。私が感じる位だから誰でも感

じるだろうと思う。

お代様と快賢老僧

玉光神社に詣でて

M雄に困った時に、因縁の話を少しでもわかって貰って、信心して貰ったらと思って、M雄の伯母さん、Yの家を訪れた。そして幹雄の困った話を暫く話した。

「困った事やなあ。」

と言って聞いてくれるだけで、何の反応もなかったが、話している間、頭が重く気分が悪くて困ったが、外迄出ると頭も軽くなった。それで阿倍野迄帰って、

「Y家には何かあるなあ。」

と言うと、

「兄さん、それがわかりますか。実は自殺、誤殺があって、こうこうや。」

と聞いて、因縁の恐しさを思い知らされた。お代様は来るのも帰るのも、玉光大神様の御指示に

よってなされるので、帰ると言われたら誰が何と言っても無駄である。

いつまでもいませと思ふはらからに
かへれと宣（の）らす神ぞうらめし

玉光神社に詣でて

これは、私がお代様に送った和歌のはしくれである。すると、お代様は、

「大分長い間、親しくして貰っているから、そんなに思って下さるんですね。」

とおっしゃった。私は、

「社に腰を据えて下さるなれば、小さい乍ら、庵を造って進ぜよう。」

と、私の悪い癖で、こちらから勿体ないと知り乍ら、兄弟か何ぞのように思ってしまう。

「そのお心根は有難いけどね、私達は、小豆島も引払って、東京へ行きます。」

という事であった。そこで私は、

「東京へ行かれたら、これから私らがお出会いに行っても、すぐには出会って戴けんのではないか。」

と言うと、お代様は、

「その心配は御無用です。わたしは神様から、『そちは普通の女であるぞ』と始終言われておりますから、安心して東京の所が定まったら知らせますから、是非遊びに来て下さいよ。」とおっしゃった。その頃、東京といえば、日本の都で、遠い所で、みんな死ぬ迄に一度だけは東京を見ておきたいというのが偽らざる気持であった。私等も御多聞にもれずその一人であった。子供らが成長して、

「お父さんやお母さんは、新婚旅行はせんじゃったろうから、銀婚旅行をして来なさい。」と再三すすめてくれるので、お代様から案内状が来ていたので、早速、妻富代を連れてお世話になる事にした。すると、老僧さんや金川さんから、お供えを預って、東京へ旅立った。沼津辺では富士山の雄姿を見て、神々しく感じた。そして井の頭公園のお代様のお家（今の玉光神社の社務所）へ着いた。すると、お代様は御病気で休んでおられた。その枕元へ行って、

「今日は。」

と御挨拶すると、布団に顔をうずめて、泣いて喜んで下さったのが、今でも印象に残って嬉しくて、忘れる事ができない。そして、

「よう来て下さった。大変疲れたでしょう。早く横になって休みなさい。」

と、御自分の病の事もお忘れになって、下へも置かぬおもてなしに、感じ入った。余島先生が、

「この間から、神様が『早く布団を仕上げよ』とおっしゃるので何の事かと思っていましたら、神様は、わかっているから『早く早く』とお急ぎになったんですね。」

と、布団の仕上げをしておられた。

「それでは、少しお手伝いをして貰いましょう。」

と、とじ糸などを出され、お手伝いして、泊めて戴いた。翌日、博さん（若先生）の案内で都内見物（観光バスで）、その翌日は、又博さんが、カラー映画に案内して下さった。そして、博さんの蔵書を見せて戴いたりして、両先生はもとより、神様も博様迄、一つ心の暖いもてなしを受けた。私等夫婦は、どんなに仕合わせでしょう。博様とは、本山絹枝先生の養嗣子で、実は余島先生の産まれた子で、今では本山博博士で、二つの博士号を持っておられる大先生である。

その頃から、秀才中の秀才で、外国語も四カ国語に通じているという話であった。日光東照宮、中禅寺湖を見物して、成田山へお詣りして帰って、又もお世話になり、善光寺へお詣りして帰国した。その時、三郎さんが出て、

「おじちゃん、夕べは寝られんかったやろう。大勢のお供えを預って来ているので取られたらいかんと思って、わしがずっとついて寝かさなんだ。」

と言った。

「そうかそれで、夕べは汽車の中で、いつもなら乗物に乗ったら、私はすぐ寝てしまうのだが、ちっとも眠れなかったと思ったが、あんたがついていてくれたのか。」

とお礼を言ったのである。

因縁様を納得さす

大谷の従兄弟、登さんが、病気でピリッとも動けんと聞いて見舞に行った。すると阪大の診断書を貰っている。それに脊髄の何とかいう病名を付けて貰っている。そして、天理教が「お助け」とか言って、拝みに来ている。又外からも治療に来ているという有様である。いつも元気な気持のよい男が、こんな目に会って可愛想である。私がどうしてやる事もできず、家へ帰って来てその話を家内中にすると、母が、

「一度東京へ詣って来てやって欲しい。」

と言う。私もそう思うけど、家族の者がどう思うか、はるばる東京へ詣って来て、嫁さんや息子におこられたら此方も引き合わんからと、又大谷へ行ってお代様の話をして相談を持ちかけた。するとと家内中が、

「すまんけど、東京へお詣りしてくれ。」

と頼むので、早速帰って弁当を造らせて、夜行列車で東京へ立った。そしてお代様にお願いした。すると大谷の先祖の事が出た。


昔の山村の事とて、先祖が村の娘さんと仲よくできてたらしい。ところが、親の奨めで他村から嫁さんを娶った。するとその娘さんがおこっていたが、だんだん腹は大きくなるし、とうとう入水して果てた。それを引き揚げて、初めて娘の腹の大きいのがわかって、その両親の歎きは一方ではない。中でも母親は悲嘆にくれていたが、簞笥から着物を引き出して、その柄などを打ち眺め打ち眺め、

「娘が着たがるのを、祭まで待てと待たしていたのに。」

と言って、ついに自分がその着物を着て、発狂してうろうろ歩き廻りだした。それを見て、父親は、

「娘だけと思っていたに、女房迄こんな事にしてしまって、腹が立ってどうしても許せん。」

と大変ないかりようである。そこで、

「成程おいかりは、ごもっともです。しかし、あなたもその相手も過去の人の事でございます。現在の者は何も知らん事でございますので、どうぞお許しを願いたい。」

と再三頼んだが、聞き入れてはくれん。おこった儘で帰ってしまった。私としたら、

「ここへ詣ったらなんとかなるだろう。無理に頼んでも。」

と考えていたので、お代様に、

「なんとかして戴けませんか。私の寿命を縮めても何とかして戴きたいんです。」

とお願いしたが、

「駄目ですね、これだけねぐんでしまっては。」

とおっしゃる。無理とは知りつつも、

「まだ四十五、六で働き盛りやし、八十五歳の父親を抱えて、八人の子供が一人も片付いておらず、あまりにも可愛想です。何とかして下さい。」

と嘆願した。しかしお代様は、

「それは無理ですよ。この人は寿命やと諦めて下さい。」

と言われて、仕方なしに帰って来て、持宝院へ行ってこの話をして、

「困ってしまいました。こんな事を大谷へ行って話もできませんしね。」

「それはお困りですな。それでは甘草を少し買って、うちの裏にある庭床の枝を持っていって、これを煎じて飲めと言われたと言ってにごしなさい。」

と智恵を借して下さった。その通りにして大谷へ行くと、息子が軒まわりを片付けている。

「どうじゃ。」

と聞くと、

「もう駄目じゃと思うから、サアという時片付けるのに困るから、ぼつぼつ片付けておこうと思って。」

と、セッセと片付けをしている。病人の枕元へ行くと、息子の言う通り目の色が変わって、死に直面している事がはっきり私に伝わってくる。

「これはいかん。引返してもう一遍東京へ行ってくる。」

と家迄飛んで帰って弁当を造らせ、東京へ引返した。そして、

「先生、もう一度何とかお願いします。」

と泣きついた。すると前の娘さんの父親が出て、おこって、

「承知ができん。」

と言ってそのいかりようったら物凄い。私は、

「でもございましょうが、今の若いものには罪がないのですから、どうぞ勘弁して下さい。」

と再三再四お願いしたが、どうしても聞き入れそうもない。すると、余島先生が、

「余程お腹立ちの様子よくわかりますが、あなたその後、奥さんや娘さんにお会いになりましたか。」

「エエ!?」

「奥さんや娘さんはどうしておられるか、知っておいでですか。」

と問われた。すると、

「それは知らん。わしも会いたい。」

とこぼしていた。そこで余島先生が、

「それでは、神様にお願いして、奥さんや娘さんにお会いできるようにお願いしましょうね。」

とおっしゃって、お祈りをして下さった。そうすると因縁様は、暫くジーッと一ツ所を見つめていたが、にっこりと嬉しそうな顔をして、女房や娘の顔が見えたらしい。その方角へ向いて、いそいそと行ってしまった。私は大谷が気になるので、皆様にお礼を述べて急いで帰った。そして大谷へとんでいった。すると、泥水にあえぐ鮒のような眼の色をしていた登さんが、稍、生気を取り戻していた。そこで私は、みんなを呼び寄せて、因縁の話をして、

「結局私は、東京へ二回引掛けてお詣りして、種もみの消毒をして来たようなものだ。それでこれからは、いもちもつかず、すくすく成長してくれるよう祈ります。」

と言った。そして、暇ある毎に、見舞に行って励ました。すると手摺をつたって歩く稽古をしたりして、極く少しずつよくなって、大分歩けるようになり、上滝野へ行く坂迄行ったとかで、二、三年生き延びた。しかしその間に、年取った父を送り出し、長男に嫁を娶り、自分の跡目を果たして、少し早いが順当にこの世を去った。私としては、力を入れて神様にお願いして、ピンピン全快してくれなかったが、骨折り甲斐はあったと思う。

社町の火事と住民

お代様は、始終私に、

「源光大神様の由来記を書いて下さいよ。」

と言っておられた。私等のようなものは、ろくなものは書けませんが、いがみなりに書いて東京迄持参した。するとその時、

「末永さん、この頃社は火事が多いですね。」

とおっしゃった。少し前に家原の大西コルクが火事で、これは田舎としては大火事であった。その時は盆の十四日で、鳥居の村中の若い人は現場で消火に懸命やし、その他は女、子供に至る迄、村の裏で火事見物である。その時私は現場へ行こうと思って、途中迄行って気がついたのだが、コルクが燃えつつフワフワと飛んでくる。これはいかんと引き返して、大声を張りあげて、

「オーイ、藁屋根へ上がれ。」

と呼びながら走った。そのお陰で、藁屋根が焼けかけて消し止めた家が三軒ある。火事の最中にこれに気が付いたのは、それも私が気が付いたという事は、「源光大神様」のお指図じゃったと思う。そしてその頃、社の町にもあちらこちらでボヤがあって、物騒な事が度々あった。この事を申し上げると、

「佐保神社の末社にお稲荷様が祀ってあるでしょう。そのお稲荷様がお怒りになっていますよ。お稲荷様はお屋敷が変わっているらしいですね。」

と言われる。国道一七五号線が付くのについて、お屋敷が変わった訳である。

「このままにして置くと、社の町半分が灰になるような大惨事が起こりますよ。お怒りになったお稲荷様が、ボヤでお知らせになっているのに、一般の人が気がつかないんですよ。」

とおっしゃった。私は、

「それではどうしてお詫びをすればよろしいですか。」

とお尋ねした。するとお代様は、

「法印様に相談して、先達になって貰い、大師堂を中心にして社の町を浄めて貰い、最後は佐保神社へ詣りお稲荷様へお詫びしなさい。そしてできるだけ真心を集めて、三日ないし七日間。」

と言われた。それで帰ってすぐ法印様にお話しして、御協力をお願いして、

「それでは三日ないし七日と言われたのなら、中を取って明日から五日間、夜十時からという事にしましょう。そして明日は八時頃に家へ寄って貰いましょう。」

と言われた。それで私は宮野君に話すと、大賛成してくれた。岸野君は町長で忙しくてしようがないから話すのはやめた。そして、三木徳さんに話した。すると三木徳さんは、

「よろしい、わたしが気の合うたみんなに相談して、あんじょうします。」

という事であったので、お任せした。当日寺で待っていると、誘い合わせて大勢門を入ってきた。その話を聞いていると、

「誰がこんな事を言いふらすのか、事によったら聞き捨てならん。大勢を迷わすもとじゃ。迷信もはなはだしい。」

というような声が聞こえる。やがて玄関の間へずらり並んだお歴々、総合区長の上月安治君、第三区長旧井秦一郎君を初め香山君から三木徳さんはもとより、組長級の方々十四、五人が車座になった。法印様が出て挨拶して下さった。すると、旧井秦一郎君が、

「誰がこんな事を言いかけるのですか。」

と問いかけた。そこで私は、

「おいでましたな。」

と出て行って、みんなに一礼して、

「実はここで言いかけたのは私です。昨日三木徳さんにもお話し申し上げたのですが、先日東京へお詣りしたところ、お代様から思わぬ事をお聞きして、私等の真心が役に立てばと思いましてね。」

と言った。すると旧井君が、

「お代様か誰か知らんが、何を根拠にそんな事を言われるのか、大体みんなを迷わす事である。我々は区長として、又、組長として、よくつきとめておく必要がある。」

と気色ばんでいる。そこで私は、

「成程あなたがたは、区長とか組長とかいかめしい肩書を持っておられる。その肩書が邪魔になりますな。私の話を一遍聞いとくなはれ。ここに池へはまりかけている人を、オオ危いと抱き止めて助けても、有難いともすまんとも思わへん。それを一遍突きはめておいて、引き揚げてやったら命の恩人じゃと有難く恩にきるであろう。ところが水にはまって濡れただけなら乾かしたら元になるが、灰になっては、一寸元にかえすのが大変じゃでな。私の呼びかけているのはそんな片苦しい肩書ではない。日雇業でもよい、人様の真心だけです。それで皆さんも一切の肩書をすてて、丸腰の一介の町人になって協力願えまへんか。」

と、それでも文句を言うようやったら私の方も大分文句を言う積りであったが、幸いに、

「末永はんは、鳥居の人で熱心に社の町の事を心配してくれてんのや。」

と三木徳さんが言った。すると、上月安治君が、

「ソヤソヤ、末永君はほんとの親切で尽くしてくれているのやで。お供えは区からさせて貰う事にしよう。」

と言ってくれて、山はあがりかけたが、丸く治まって、法印様を中心にお浄めの行事に参加した一行十八人は、夜十一時大師堂のお祈りをすませ、幼稚園の所を通ってずーっと下へ行き、できるだけ広範囲にと、税務署の所から佐保神社前へ出て、稲荷様、護格大明神へお詣りしてお詫びを申し上げ、佐保神社へお詣りしてお祈りした。かくして一日目を終了したが、何日続くかと思っていたが、五日間とも無欠勤で、満願の日には紅白の餅を搗いてお供えして、みんなに戴いて貰った。初めに文句を言っていた連中も、神意に打たれたか五日間一日も休まず、公私共に忙しい皆さんがつとめてくれた事は有難い事であると共に、誰にも真心はあるものと確認した。

不仲の夫婦円満に

一日、O自転車屋へ寄った。すると娘さんが、

「大和の天理教本部へ詣ろ思うてんね。」

と言った。

「それはええ事じゃ、俺もこのごろに東京へ詣ろうかと思うている。」

と話した。すると、

「大和をやめて東京へ連れて詣って貰おう。」

と言い出した。

「それはいかん。詣ろうと思うてるのにやめるという事はいかん。」

と強く言ったが駄目だった。とうとう予定の日になった。朝行ってやると、やめにすると言う。

その頃自転車屋は長女にむこ養子を貰って、初め暫くはよかったが、娘が養子を嫌って、顔を見るのも嫌とて、御飯も一緒には食べないと言っていたので、東京へ連れて詣ってやったら何か得る所があるだろうと思っていたが、やめると言うから、

「私は一人の方が気が楽でよいわ。」

と言って、店で仕事をしている養子に、

「精出してなア。」

と言葉をかけた。すると、

「東京へ行ってやそうですなア。」

と言う。

「ウン、東京へ行くのじゃが、○夫さん、あんたも一緒に行ったらよいけどなア。」

「フン、旅費さえあったらな、わしも行きたいけど。」

と言う。暫くすると、小母はんが、

「○夫さん家へ入ってきて、手や顔を洗って服を着替えなさい。末永さんと一緒に東京へ連れて行って貰おう。」

と、自分は着物を着替えて、拵えをしている。どうやら本物らしい。かくして汽車の中で、若夫

婦の事を尋ねた。○夫君の言うに、

「初め暫くは大変によかった。私も好きです。」

とハッキリ言った。

「いつの頃からか嫌いだして、原因がわしにはわからんのです。私も、女が嫌っているのでサッサと諦めて帰ったらよいのに、にえきらんと思われるか知らんけど、わしも前にいた三田の方の仕事も会社と話をつけ、家も処分してしもうてきたので、帰る所がない。だから行く所ができる迄置いて貰わなしようがない。」

と言う。小母はんは、

「遠縁に当たるので、惚れて貰ったのに、△子が勝手な事ばかりぬかすので困ったものや。」

とこぼす。そんなあまり嬉しくない話ばかり聞きながら東京へ着いて、井の頭の玉光神社へお詣りした。お祈りにかかると問題の△子の生霊が出てきた。母親は、

「今日はわたしの代りに法事に行っている筈です。」

と言う。そして△子との間に口喧嘩をする。私も見るに見かねて、

「△ちゃん、お前もあんまり勝手な事を言ってはいかんな。」

と言うと、

「おじちゃん、そんな事言ったって嫌いなものはしようがない。」

と○夫さんの前でぬけぬけと言った。私は、

「△ちゃん、それはあんまり勝手やないか。お前も初めはよかったらしいな。それが今になって嫌いやなんて言えた義理か。お前も家としては普通より学校へも余計にやって貰って、事のわからん女ではない筈じゃ。もう少し親、兄弟周囲の事を考えて物事を運ばん事には、お前一人のために大勢が迷惑しているぞ。」

と言った。するとしまいには、

「あんまりわたしばかり責めるなら、わたしはもう死ぬ。」

と言った。すると母親が、

「死ぬ死ぬと言う者が死んだ者はない。よう死ぬものか。わたしの方が先に死ぬわ。」

と聞くに聞けんような口喧嘩をする。するとお代様（大神様）が、

『死にたいものはさっさと死ね。食糧が不足しているのに一人でも助かる。』

とお叱りになったのでおとなしくなった。その後へO家の因縁さんが出て、女をいじめるやら、喧嘩をするやら見ていてほっとするような場面が展開されて、

「この方々のお供養をしてお貰いなさい。」

とおっしゃった。そして帰途についた。すると小母はんが、

「安うで泊めてくれるとこないやろか。」

と言う。尋ねて見て、少し離れた所に宿を見つけ二人を泊めておいて、私は玉光神社へ引っ返して厄介になった。滅多にお出会いできんので、たとえ十分でも、一時間でもお話を聞きたいからである。


その夜いろいろお話を聞き泊めて戴いて、朝五時頃に目をさますと、若先生、即ち、本山博博士がもう起きて、寒中に、ものともせず水をかぶって行をしておられた。お弟子様二人（二人共大学助教授だそうである）も水こり取っての行である。こっちは身を縮めながら、

「寒いでしょう。」

と申し上げると、

「こうして拭き取ると暖いですよ。」

と言って、白の着物に袴をはいて、拝殿でお祈りである。私も、お代様と一緒に拝殿に上って共にお祈りした。その後で、若先生の講義である。二人のお弟子さんと一緒に拝聴した。しかし難しくてわかったようなわからんようなものであったが、清々しい気持でおいとました。そして、O家の二人を連れているので、又観光バスで都内見物をして帰った。

社へ帰ってO君に話をして、お供養をして戴くようにすすめた。そして法印様にお願いして、お供養をして戴いた。すると因縁様も成仏してくれたか、あれ程仲のこじれていた若夫婦がいつの間にか仲良くなって、十月頃に子供が生まれた。東京へ行ったのは一月の末であった。今では、二、三人の子供を儲けて円満に暮している。

池田さんとの出会い

話が前後してしまったが、現在の社務所だけの時であった。私がお詣りして、御用がすんで帰ろうと思って御挨拶をすると、

「末永さん、一寸お待ちなさいよ。大神様が御用がおありだそうですよ。」

と言われる。

「神様の御用って何事であろう。」

と待っていると、

「御免下さい。」

と詣って来た人があった。池田重政様という、福島県相馬市の人である。お代様が、

「『末永さんに御用がある』と神様がおっしゃったのは、池田さんがお越しになるからだった

のでしょう。」

と言われた。池田さんのお祈りが始まると、大丈夫らしい人が出られて、

「重政（私は池田さんの事には深入りしては申し訳がないと思って隅の方にかしこまっていた）よく詣ったのう。俺は源頼光じゃ。そこに控えている末永はその方の先祖、俺の子孫を祀ってくれとるんじゃ。そちからもよく礼を言え。末永一寸きてくれ。」

と手招きされた。私も恐る恐る近寄って、

「頼光様でございますか。」

と拝礼して申し上げた。すると、

「頼光じゃ。ここにいるのは、俺の子孫の重政じゃ。そちは俺の子孫の、畠山を祀ってくれてるそうじゃのう。厚く礼を言うぞ。重政そちからも宜敷く礼を言え。」

とおっしゃった。頼光様がお帰りになったその後で、池田様と一緒に昼御飯を戴いて、御飯がすんだ後で、飯台に向かったそのままで、

「サア、末永さん、源光大神様のお話をしなさいよ。」

と言われて、

「書いたものを出しましょうか。」

と言われたが、

「イエイエ、大丈夫、作者ですから。」

と細大洩らさずお話申し上げたが、時間がかかって三時間位もかかった。すると、

「御免下さい。」

とお詫りがある。

「末永さん、不思議でしょう。神様の思召しによって都合ようできていますね。貴方のお話の間は誰もきませんでしょう。そしてお話がすんだらすぐお詫りがあるでしょう。今夜は池田さんと一緒に枕を並べて泊って、ゆっくりお話をしなさいよ。」

と言って下さった。

その夜、池田さんと寝床の中でいろいろ話をした。池田さんは、順の宮厚子内親王の嫁いでいられる岡山の池田隆政さんの御本家系に当たる家柄らしい。池田さんのお話では、

「吾々は先祖が大名だったので、大名という権力に任せて、自分勝手な振舞いをしているので、子孫に幸せは薄いですね。わたしも東京にいたのです。その時に胃潰瘍で生死の境までいきましてね。ここの神様のお陰で命を助けて戴きました。その時、家内がお詣りしましたら、一日小餅二ツずつを食べなさいと言われて、食糧不足の時代にこれは大変な事じゃと思って帰ってくると、

田舎から土産に餅を沢山もってきてくれて、家内が朝と晩に私に食べさせるのに、拵える時に食べたくて仕方がないので、一つ、イヤシをしたそうです。すると神様のおっしゃった日迄に、イヤシをした分だけ足らんかったそうです。」

と話しておられた。そして池田さんは玉光教会の信徒総代をしておられたそうである。

「系図の八代目と十二代目とが不詳なので、お代様のお世話になって、その不明な点を調べて戴きたいと思っております。」

との事であった。

大村さんの病と先祖の供養

喜田村の大村武雄君が病気になって、青野原の病院へ入院して療養生活に入ったので、私も心痛の余りいろいろと心を配り、茂君の事もあるし、何とかお代様のお世話になり、余り深刻にならんようにと思い、智恵子と一緒に東京へお詣りした。ところが一番期待していた茂君が出る事は出たが、何を言ったかはっきりとわからぬので、再三問い返したがわかりかねたので、一回だけでは何しに来たかわからんので、時間を置いてもう一度お願いする積りで、お昼寝をさせて戴き、午後にもう一度お祈りをして戴いた。再び茂君が出てくれたが、何だか聞き取れない。折角目当てにしていた茂君がはっきりせぬので期待はずれでがっかりしたが、しかし、

「新宅をする時に貰った田圃に執念の掛っている田があるので、よくお供養お浄めをしておもらいなさい。」

と言われて、

「ほかに御先祖のお茶送りを三日間しなさい。」

と言われて、帰りに法印様にお願いして、夜田圃の回りを浄めて戴き、先祖のお茶送り供養は、夜の更けるのを待っておこなった。あんまりはっきりした効果はみる事ができなかったが、何か得た事が目に見えずにあった事であろう。

御神言通り婚約成立

「あんたの息子さんの嫁さんを貰う時は、私がよく調べて上げます。」

とは、麗光院様の口癖のように言っておられたが、他界されたのでその事を話して、お代様に肩替りして戴かねば仕方がないとよく話していた。

社の石井武夫氏が県会議員に立候補した時である。社の町の連中、有力筋につかまって石井氏の家へ連れて行かれ、

「合併一周年記念行事まで手伝ってくれ。」

と言われて、断りもならず手伝う事になった。この時、出水の井上隆一君が来て仲人をした話を長々とした。そこで私は、

「君、そんな経験があるのなら、うちの嫁さん世話してくれや。」

と言った。すると、

「何歳がよいのや。」

と聞く。

「二十歳がよいけど二十一歳でもよい。」

と言った。

「合っているかどうかわからんが、今日東条へ行ったら一度見てみいな。」

と言った。

その日午後、天神から中東条方面へ選挙を頼みに回って厚利へついた。吉田顕正と表札の掛っている家へ行った。ところが鍵がかかって留守である。井上君の話では、

「ここは女ばかりで、三人娘で、長女がむこ養子を取って、二番目は上が二十五、六やと思うから才が合わんかな。」

と言う。裏へ出て、

「アア、彼処の田圃にいる。」

と言うので行ってみた。家内中で煙草の植付けの拵えである。みんな揃って鍬で谷引きをしている。私の目は只一条に娘に注目した。選挙を頼みに行った事も忘れ、只挨拶しただけで何もかも

そっち退けである。娘はそれとも知らず、畔に腰をおろして、かぶっていた手拭をかき上げて、

「よく見て下さい。」

というようにこっちを見ている。すると井上君が、

「よい娘になったな。何歳になったんや。」

「うーん、二十歳になった。」

「そうか。よい所へ世話さして貰わんならん。」

「とにかく頼みます。」

と言って、帰りに、

「どう思うてや。」

と言われて、私は、

「若いからではあるが、罪のない可愛い顔をしている。くれるなら貰ってくれ。」

と頼んだ。

「それなら話してみよう。」

と彼は言った。私は二十歳になったと聞いた時から、息子、栄映の嫁は是よりほかにないと心に決めてしまった。それでほかの話は一向に耳にとまらん。ところが、選挙中に井上君が話をし

てみたが、

「『百姓は嫌いじゃ』と言うがなァ。」

との話である。駄目かなとも思ったが諦めきれず、嫌いな百姓を奨める訳にもいかず、仲立ちをしようと思って夏の暑い日であったが、厚利迄行った。すると御主人は留守であったが、奥さんに来意を告げて主人の行先を聞いて出会いに行った。そして来意を話した。すると意外にも、

「わしは、あんたとこへ貰ってもらおうと思っています。あんた青年団長をしられた事がありますな。その頃、わたしも体育部長をしていて、あんたを存じています。鳥居の村へは聞き合わせはしていませんけれど、社の町でよう聞いております。まだ本人がその気にならんので確答はできませんが、できるだけその方へ向けるよう骨を折ります。」

という事であった。家へ帰って話をすると、伜の言う事は、

「えらい力を入れとってやけど、やっぱりわしの嫁さんやでな。」

と。

「うん、そうじゃ。しかしわしが気に入ってもお前が駄目ならチャイしたらよいけど、わしの気に入らん者がお前の気に入る筈がないわ。」

と言って、私は一生懸命であった。

その頃穂積の甥が話をもってきてくれて、内緒で見に行って人違いして帰った事もあった。その頃私は、社の中学校の育友会の会長をしていた。校長先生が、

「会長はん、あんた修学旅行について行ってくれてやないか。」

という事であった。それではと、会費だけ納めてくれという事で、ついて行く事に決めて、少時だけ先生になる事にした。子供等について東京へ行った。夕方旅館に着いて校長先生は、

「会長さんは夜きっとお代様のとこへ行かれるであろう。夜であればわたしも会長さんのお供をしようと思っていました。」

と言って、

「こんな時間では間に会いませんが。」

と言っているところへ、下村先生が来られて、

「それでは明日二時迄上野博物館にいますから、その間に行ってきなさい。」

と言われた。それではと、朝食後皆に別れて井の頭へ急行した。久し振りでお代様にお出会いして嬉しさ一杯であった。早速校長先生の依頼をお伺いして、次に自分の事になって、伜の嫁の事を尋ねた。

「お名前がわかりますか。」

と言われる。

「ハイ、姓だけしかわかりませんが。」

と、吉田と神戸と書いて差し出した。するとお祈りして下さって、吉田の方を指して、

「此方に縁がありますね。」

とおっしゃる。私は、

「まだ海のものとも山のものともわかりません。」

と申し上げると、

「貰いに行きなさい。くれと言って行けばくれる。」

とおっしゃった。私はこのお言葉に力を得て、修学旅行から帰って、吉田さんに井上君を通じて申し込んだ。すると、

「秋仕舞いの話やな。」

と井上君が言った。それで秋仕舞を待って、井上君と連れ立って、夜吉田さんへお邪魔した。仲人さんがいらん話ばかりして正味の話をしてくれんので、たまりかねて私は、

「今日井上君ばかりに任せておいては済まん。私も共にお願いしようと思って連れて来て貰いました。」

と、東京へお詣りして神様の御指示を受けたこと、この話をするには、お代様の事を一通り話をせねばならず、長時間掛けて説明して、

「私は絶対的に信じております。その神様が縁があるから貰いに行けとおっしゃっています。それで私は縁のある者はどうしても一つになるものと思います。例えば内の息子、お宅がもし下さらなかっても誰か貰わねばなりません。内は一旦貰ったらどんな事があっても別れさしはせん心算ですが、寿命が無くては仕方ありません。又お宅としても嫁いだ所に縁がなければ、又寿命がなかったりして、憂き目を見てから練り直すような事になるかもわからん。世間には例があることです。そんな回り道をせんでもよい、初めから二人を一緒にしておくに限ると思います。高等学校へ行っていないと言われるが、人間として学校なんか問題でない。内の伜も学校へは行っておらんけど、何処へ出ても恥ずかしくないという自惚を持っております。百姓をしておりますが、私もこれ迄百姓なればこそ夫婦一緒に揃って働けると思って、楽しく過してきました。もっとも家は小さい豚小屋のような所に住んでいますが。家は建てる心算はしているのですが、今ではまだその時機が熟しておりません。とにかく一遍出会わせて貰いたい。その上で本人が気に入らねばチャイしられたらよろしいがなァ。私の伜もお父ちゃんは一生懸命らしいが、結局、わしの嫁はんやでなと言っています。奥さんどうだっしゃろな。」

とお母さんに呼びかけた。こんな話を大きな声で話しているんだから、次の間では、家内中が聞いておられる事は間違いないと思って、呼びかけたのである。するとお母さんが、

「勿体ないようなお話。」

とものわかりのよさそうなお顔を出されて、御夫婦揃っての前で、

「私の家は、私の言っている事は家内中揃って言っている事なんです。それで本人同志一遍出会わしてやって下さい。その上で本人が気に入らん時はお互いに諦めましょう。」

と言った。するとお母さんは、

「鳥居の百姓はえらいそうですな。朝は秋なんか四時頃には田圃へ出られるという事を聞きました。」

との事であった。そこで私は、

「それは特別の家のことですよ。何処へ行っても村に二軒や三軒は並外れた特別の家が有るのと違いますか。内はその反対の特別らしいですよ。」

「田植えだけはと心配するんです。」

との事であるが、

「誰もこれは一番の癌ですな。けれど一年の内七日や十日足らずの事ですがな。短い期間でも

えらいことには違いないけれど、互いに冗談を言ったり鼻唄を唄って仕事をしたら、疲れても大分違いますぜ。家に来て貰っても、床に祀っておく事はできません。伜と相談し合うて、上手に家庭を経営して貰わねばならん。そして私もどうぞ来て貰いたいと頼んではおりますが、これも言葉の綾で言うだけであって、結婚というものは、頼んだから行くものでもなし、頼まれたから貰うものでもない。男と女が平等の立場で一対一の権利で結合してこそ、本当の夫婦ができると思います。そして吾々両親は都合よく立派な夫婦が育つように柔らかく培うてやるのが務めと思います。」

と誠心誠意胸中を披瀝して皆さんに訴えた。かくして見合いをする事に決めて、その日、時、場所は先方にお任せした。すると十二月十四日の夜、わたしの家へ来てくれという事で、井上君にお願いして、十四日の夜伜は井上君の案内で吉田家へ行って、世紀の会見をして帰って来て、伜は、

「OK」

と言う。しかし先方はどうか。仲人はんに聞きに行くと、

「これから行って尋ねて来る。」

と言う。マンマンデーである。聞いてくると先方も「OK」である。これで双方承知したのだか

ら、井上君がゴールイン迄漕ぎつけてくれる筈に思っていたところ、小時たって井上君がやって来て思わぬ事を言い出した。というのは、

「吉田のお祖父さんが亡くなられたと思っていたら、本当はまだ生きていられるらしい。」

と言う。つまりレプラで大島の療養所へ行っておられるという事を匂わせて破談にする事を奨めるようである。外の事とは違うので捨て置く事はできず、仕方なく聞き合わせに行った。ところがそんな事は明々白々と何の心配もない事で、井上君とこへ行って、上手に頼んだけれども、何日経っても井上君からは音沙汰がない。人任せにしておいては埒があかんと思って、直接吉田さん方へ行っていろいろ話した。すると、

「嫁を一番気に入って貰わねばならんのはお母さんでしてな、それで母親同志会わせて貰い度い。」

という事で、早速社病院へ来られた時を狙って、末永食堂で二人を会わせた。どんな話をしたかしらんが、

「まだ二人で温泉旅行をさせるのは早い。」

とか話し合ったとか言っていたから、意気が合ったろうと思う。それでも吉田さんは娘の事について、細い心使いをしておられる気がして敬服に価すると思った。ところがいつも同じように、

「娘がその気になる迄待ってくれ。」

という返事ばかりである。

余り長い間埒があかんので、お代様が吉田と神戸と並べて書いたのを指で指して下さった時、私の見違いではなかったかと思いだすようになった。そして無駄骨ばかり折っているのではないかと疑うようになった。持宝院では倅の縁談については、その都度細大漏らさず話していた。又岸野君はじれったがって、私の知らぬ間にタクシーを飛ばして話に行ってくれたりした。六月になって持宝院の奥様が、東京の娘さんの所へ行かれることになった。そこで私は奥様に、

「お代様にお会いになったら、栄映の嫁さんの話、今迄の事はお宅でお話してある筈、ところが長い間ちっとも進みませんので、これは吉田と神戸とを私が見間違えたのじゃないかと思うのです。それをもう一遍確かめて来て戴きたい。」

とお願いした。持宝院の奥様の御帰宅の後お伺いすると、

「やっぱり吉田に縁がある。一度打ち切ってしまえ。そうすると先方から言うてくれる。」

との事であった。

「有難うございました。このまま小時ほっておきます。」

と話した。それで十月迄素知らぬ顔で過したがそういっても女の方からは言いにくい事であろう

と考えて、そこで久し振りに吉田さんの家へ行って、

「お宅はもう何処かへ話が決まりましたか。もし決まっていたら知らせて貰いたい。」

と言った。すると先方も同じ事を思われたらしい。

「あんたとこはどこからでもできる家だから、こんなに永引いていたらもうとっくにできているやろうと言ってました。」

と言われた。それで私は、

「他所から何ぼ言って下さっても聞きに行く気になりません。それでもしこちらさんに話が決まったら知らせて貰いたい。紙一枚だけでもお祝をせねばならん。今となっては私としても他人とは思われんのです。」

と言えば、先方も同じ気持でおられたらしい。その後、家はみんな留守にして倅一人が筵打ちをしている所へ来て、長らく話し込んだりして、昼食を倅が作って食べて帰ったりしたらしい。熱心の度合は私とあんまり変わらんらしい。子を思う親の気持って大同小異である。

秋が済んで十二月十四日の朝であった。田圃へ出ていると吉田さんが田圃へお越しになって、

「今日、娘と母親がバスで社へ来よりますので、奥さんも社へお越し願い度い。そして佐保座の前で出会って貰い度い。」

との事である。お代様のおっしゃった事が実現した訳であるので、早速家内に社の佐保座前迄行ってお二人に会うように伝え、私も観音寺の義士会の用事を済ませて佐保座前迄来ると、女同志が会見している。私が行くと、吉田さんも来られて話合いの上、円海亭の座敷を借りて昼食を注文して、卓を囲んで茶を飲み昼食を取りながら話し合った。

「伜が青年の駅伝競走に行っているので、もう帰る時分ですから呼んで来ます。」

と財務事務所前へ行くと、今帰ったところである。今日の模様を話して来るように言うと、

「何じゃ見合のやり直しか。」

と言う。

「何でもよいからすぐ来るように。」

と言って暫くするとやって来て挨拶すると、先方のお父さんが、

「これでどうだっしゃろ。」

との事で、私は、

「絹代さんさえよかったらこっちは異存はありません。」

と言った。それではと若い二人と両母親は映画見物に行く事にして、お父さんと私は後に残っていろいろ話をして、先方の希望通りと明後日（十六日）に「おさえ」を納める事に決めて、外へ

出るとたまたま井上君が自転車を引いてやって来る。そこで、

「井上君、実は今二人で話し合うて明後日おさえを持って行く事に決めたので、君済まんが媒妁人として使いをして貰いたい。」

と頼んだ。そして年内に結納を納め、年明けて二月二十八日吉日を選んで式を挙げた。

三月二十五日新婚旅行をするに当たり、

「東京へ行って玉光神社へお礼詣りをして来るか、何処かの温泉へ行くか二人で相談して決めなさい。」

と言った。するとやっぱり、

「お礼詣りをして来る。」

と言って出かけた。するとお代様は大変喜んで迎えて下さったと言って満足して帰って来た。

御神体を拝む光栄

玉光神社を創建される事になって、私等も僅かながら寄進をさせて貰った。私はお社が出来上って御神体の御鏡を納められる時にたまたまお詣りして、建築に関するいろいろのお話を承った。そして、

「誰も上らぬ所じゃが、末永さん上ってよく拝んで下さい。」

と言って下さったので、御神体の真前で拝む事ができて光栄であった。

的確な御神言に恐懼

×××の兄貴が、家内中よく働いて倹約をするので金は溜めているが、子供を亡くしたり、幸せが悪い。それに兄貴が罪な事をしているので、一遍連れて詣って因縁を調べて貰いたかったので、さかんに奨めた。漸くにして息子のM夫に詣らせる事になった。早速M夫を連れて東京へ旅立った。朝早く玉光神社に着いて、少し早過ぎて開門を待ちかねて、大声を張り上げて無理に開けて戴いた。そして境内を散策したが、私が初めてお世話になった時、本山博博士のお若い頃、先生の手伝いをして植え替えをした楓の木が見当らんと思って探していると、余島先生が、

「末永さんが禊をして下さった紅葉が大きくなったでしょう。」

と言われたので、見ると、思ったよりずっと大きくなって見上げるばかりの大きさに驚いた。

×××の先祖が尼僧に手を出して罪な事を働いたらしい。その因縁が兄貴をそうさせたらし

い。兄貴は旅の僧夫婦を世話して、堂の庵に住まわせた。そして親切に世話して、風呂、その他何くれとなく面倒を見ていたが、坊さんが女を置き去りにして何処へともなく逐電した。女一人になったので、自分の納屋の二階に引き取って世話をしていたが、とうとう関係ができてしまった。というのが、先祖の因縁がそうさせたのである。そして数年前に亡くなって仏壇に祀っている。M夫も、成る程と思ったらしい。感心していると、自分の子供の死際の模様が目の前で再現されて、子供の言った事が生々とそのままなので、これには閉口して、

「背中が寒くなった。」

と言う。

「あなたとこの仏壇には祀る可きでない仏が沢山ある。特にお供養をしてお貰いなさい。」

と言われた。そして私がお代様の前に出ると、

「末永さん、社には大きなものができていますね。」

と言われた。

「ハア、無縁仏の墓を集めて大きな塔を建てられています。」

と言った。

「それもあるでしょうが、もっともっと大きなものが建っているでしょう。」

と言われた。

「ハイ、それは高等学校が建築中です。」

「そうですか、やっぱり県立じゃから大きいんですね。」

「ハイ、今度は鉄筋コンクリート建てで、県下一と言われています。」

と話した。すると、

「その敷地、即ち屋敷に古墳かお墓があるでしょう。」

と言われる。

「私もあの辺は芝打ちなんかによく行った事はありますが、気付きませんな。」

と言うと、

「一応よく調べてみなさい。校舎の東北の隅に当たる所に小高い丘になって古墳があります。その墓をお供養して貰わないと、工事中に職人が足を折ったり、怪我をする。又生徒が同じように足を折るというような怪我が続きますよ。『帰ったら法印によく話して徳を積ましてやれ。』」

と神様が出ておっしゃった。そして、

『岸野に言って施主になって供養をするように言え。』

との事であった。帰りにＭ夫が、

「じっとしていても遠い所の事がわかるのやな。」

と、もう得心してしまった。宿屋に一晩泊って見物して帰る心算で来たけど、心地が悪うて、ゆっくりする気がせぬようになったと言って、そそくさと帰郷した。

帰るとすぐ持宝院へ行って、法印様に、

「私が東京へ行って来ると、必ず法印様に用事をお願いする事ばかり聞いてきて恐縮です。」

と高等学校の古墳の話をして、

「実は神様の言われた通りそのまま申し上げます。『法印に言うて徳を積ましてやれ。』と言われました。そして岸野君に言うて施主になって御供養をせよとの事ですので、いつも無理を言って済まんがお願いします。」

と頼んで、その足で岸野君の所へ行って一部始終を話し、君が施主になってお供養をして貰いなさいとの事であったと話しているところへ、香山君が来た。丁度いい所へ来たと、

「今建築中の高等学校の敷地に古墳があるか。」

と尋ねた。すると香山君の曰く、

「それがあるのや。敷地の時に均してしまうと言っていたが、残させている。」

との事であった。香山君は高等学校の育友会の役員で、敷地の買収の交渉から、工事の世話等、

献身的に世話をした男なのでくわしく知っている。私も岸野君も、

「お代様って便利なお方じゃ。東京にいてこんな遠い所の事が詳しくおわかりになる。」

と、今更ながら感心も得心も一遍にしてしまった。

翌日私は、それでも一度この目で確かめる必要がある、そして工事責任者に一度出会って承諾を得て置かねばならないと思って、高等学校の工事現場へ行った。すると聞いた通り校舎の東北の隅に、古墳らしい小高い小松が少し茂った所がある。それから工事責任者である大熊敬次さんに出会って事情を説明して、

「明日供養をさせて貰いますから。」

と板を借りる約束をした。あくる日は快晴で風もなくお供養には打って付けの好天気で、私は一足先に行って準備をした。法印様と岸野君は揃うてやって来た。吾々は只手を合わせてお辞儀をするだけじゃが、法印様が法に則って作法と読経をして下さった。終って、工事事務所へ立寄ってお下がり（御供物）をみんな人夫さんに戴いて貰って、気持がすっきりした。

それから×××の事を法印様に相談した。すると、

「大分ややこしいらしいが、それでは過去帳位牌を作って寺へ上げて、寺へお祀りを任せるのが一番よろしいな。そんなに沢山位牌を作るという事は大変だし、寺も位牌一本が幾らという事

になりますのでなア。」

とおっしゃった。その事を×××の兄貴に話をすると、

「それでも持宝院様はほんまに親切やの。それではすまんけどその位牌を持宝院様に預かって貰われへんやろか。お前から頼んでくれや。」

と言うので、法印様に話をすると、

「それはいかん。やはり壇那寺の正覚院へ行って住職の片山君に頼んで預かって貰いなさい。位牌は内から注文して作って、そっと正覚院へ持って行ったらよいようにして上げます。そしてその日は暇があれば私もお詣りします。」

と言って下さった。それを×××の兄貴に話すと涙を流して悦んで、

「お前がいつも持宝院の事を話をするが、その筈や。他の住職とえらい違いやのう。」

としみじみと呟いた。頼んでいた位牌ができて来たら、過去帳の書入れなど全部お世話下さって、正覚院へ納める当日は、法印様と若法印の二人連れでお詣り下さった。すると正覚院の御住職は遠慮して、持宝院様に導師をお願いしようとしたが、

「イヤイヤ、今日はあんたが主であるから。」

と作法の指示だけをして下座に坐って読経された。読経作法が済んだ後で、正覚院さんが一服な

さる間に、

「因縁の事、本山先生の話を倅の為に聞かして戴きたい。」

との事であったので、法印様と交互に夜が更ける迄話をした。かくして、仏壇にあった気に懸る位牌を全部お寺でお世話になる事にして、お供養をして貰って、気持がすうっと落着いた。それにこの頃M夫が又女を作って社に囲っているとか、山へ狩りに連れて行くとかいろいろの噂を耳にするが、どんな気持でいるのか、その心根が哀れと言う外はない。男として一般の人のせぬ事をして、博愛の精神を女に注ぐという優越感を持って、非常に幸福に思う事があるだろうが、結局は獣欲を一時満たすだけ位のところが関の山であろう。頻々と起る家庭の不和を思うと、心に懸る負担の重荷を一人で背負って、負けん気を出して自分のしている事を遮二無二正当化しようという焦りが見えて、哀れにも可愛想な気がする。それでも今度は尼僧には関係がないのかしら、その楽しみと苦しみと差引きどれだけ得をしているかしら、疑いたくなる。熱の上っている時は狂気の沙汰であるから、手の付けようがない。お供養をして因縁を断って戴いたと思ったが、その因縁がまだ残っていたのかな。子供の為の影響もよい筈はなし、どんなに勉強ができても悪影響が恐ろしく思う。そして後々迄も因縁を残さねばよいがと心配である。因縁は因縁を呼ぶといって、重々重なる因縁を思うと身もよだつ思いで、私の小さい誠心でも少しでも拝んで役に立ったらと思うが、拝まんよりはましだろうか、どうかな。

本宮落成式に参列して

小豆島の北山に玉光神社の本宮ができて、落成式があるという事を宮野新伍氏から聞いて、私もその日には一緒にお詣りする事を約束した。ところが真際になって宮野氏は、行けないと言って来た。止むをえず、私は大阪へ用があったので、大阪港天保山から夜の便で朝四時頃に小豆島の坂手に寄港した。そして八時頃北山に着いた。

ところが神殿は千木等に使われている金泊が朝日に輝いて、遠くから望めて尋ねる世話はいらない。小豆島四国八十八カ所五十二番の札所の横の坂道を登って行くと、社務所に辿り着く。鉄筋コンクリート建の立派な建物である本殿は、小山の上に建てられている。そして下には立派な遙拝所が建てられて、社務所の入口の所に立札が立てられて、建設費の決算が公表されている。それによると、一千九百四十何万円との事である。大変に広い境内地であるから、敷地費にも沢山かかった事だろうが、二千万円近くの数字には驚かされた。

遙拝所で落成式の式典が厳かに行なわれた。その式典に私も参列する事ができて、仕合せであった。お代様も心安いせいか、細々した用事を頻りに私にお申し付けになる。嬉しい事である。東京から信者の方々が大勢参列しておられた中に、岸野君を知っておいでの上品な奥さんが御挨拶に来られた。式典が済んで、午後は社務所の広い座敷で一堂に会し、無礼講という事で、各々かくし芸を披露した。剣舞を舞う人、日本舞踊を踊る娘さんや、奥様方、中には物真似のうまい方があり、流石は東京のお客さんやと感心した。するとお代様が、

「末永さん、何かおやりなさいよ。」

とおっしゃった。私は、

「何も知りませんから。」

と言うと、

「アア、ソウソウ、閻魔大王のお話をなさいよ。」

と頻りに奨められるので、それではと言うと舞台に座布団を五、六枚も積んで高座が造られ、

「さあどうぞ」

と招かれて、恐る恐る高座へ上って、閻魔大王の話を一席御披露に及んだ。そして最後に、

「いくら若いお元気なお方でも、どうしても一度は閻魔大王の前へは出なければなりませんので、その時は皆様お忘れなく高室（たかむろ）から来たと是非おっしゃるように。地獄を逃れ極楽へ行く為には嘘もやむをえず方便にお使い下さるように。」

と言うと、ヤンヤと拍手である。

その夜は森口さんという家に泊めて戴いた。東京のお客様五、六人と一緒であった。その内の一人が、

「どちらですか。」

という事であったので、

「播州です。そしてお代様を初めて知ったのは、昭和二十一年三月二十四日です。」

と言うと、

「それはそれは、私共よりずっと先輩ですね。お話を聞かせて下さい。」

という事で、私も聞かれるままに、お代様との出会いの場面から、源光大神様の由来の一部を思わず話した。私が話しかけると客全部が、家の人迄全部が寄り集って、隣の部屋から火鉢を持って来てみんな至極熱心に謹聴してくれるので、自然と熱が入って長講一席演出して、

「今晩はこの位でおいて休ませて戴きましょう。私はお代様のこんな話をすると、夜が明けて

も終りません。二晩や三晩お喋りする位の材料は持ち合わせておりますので、又御縁がありましたら聞いて戴きましょう。皆様にはお休みになる所を、長々とお喋りして御迷惑でしたでしょう。」

と言うと、皆さん、お口上手で、

「お話が真剣味があふれているので、よい話を聞かして貰いました。」

と追従にでもそう言って下さったので、私も気をよくしたのである。

翌日はお代様初め皆様にお別れして帰ったが、小豆島見物をせずに又来る機会があると思って、というのは、法印様と堀内様と三人で、小豆島八十八カ所を巡拝しようという約束をしていたので帰って来たが、こんな病気になるのがわかっていたらと残念な気がする。

お代様とこぼれ話

お代様が初めて大神様のお声を聞かれたのは、二十四歳の時だそうである。その頃から時にふれいろいろ聞こえるままにお喋りすると、

「よく当たる。」

と言って、ヤイヤイと大勢の人が、

「見てくれ。」

と言って詰めかけるようになった。中には、

「一度試して見よう。」

と言って来る者もある。すると大勢の前で、

「帰れ。お前には用がない。」

と、追い帰されたそうだ。次から次と伝わって人気を呼ぶようになった。ところがこのままでは、狐つき、狸つきと別に変りはない。神様は此の位では御承知なさらない。神様の御指示で小豆島の巡行や、又は滝に打たれたり、修行に修行を積まれた。木曾の御嶽山へも何回か登られたらしい。ところが修行はつらい事には違いないが、いつも神様の御指示が得られるし、いつも神様と一緒に起居できるのだから安心と言えば安心である。今度の東京の井の頭のお屋敷でも、神様がおっしゃる通りに動いているとできたそうである。お屋敷といっても一千坪近い広さであるから、お金も僅かな事では間に合わない。それでも神様といっても親切な神様で、金融の事迄教えて下さるので、こんな大事業も心配なく果たせるのだと私は信ずる。お代様から聞いたこぼれ話を二、三しるしておこう。

一、旅地蔵建立のいわれ

お代様が小豆島におられた頃の事である。大きな屋敷で由緒ある家らしいが、七十歳を越したおじいさんと若い孫娘との淋しい暮しの家だそうである。財産は沢山あるしするのに、その孫娘にむこ養子を貰う可くいろいろと大勢の人が骨を折ってくれたが、誰が聞いても釣合いの取れた良い話じゃと思う縁談でも、片っぱしからみんなこわれてしまって、どうしても纏まらない。それでお代様に頼みに来たという訳である。

頼まれてお代様が行かれると、その家へ着いて入ろうとすると俄に夕立ちでしのつく雨で、しかもその家の門だけが土砂降りだそうだ。一寸信じられぬ現象である。お祈りすると、昔、戦国の世に偉い大将が戦いに敗れて救いを求めて来たところ、快よく匿もうて上げると安心させておいて、褒美に目を晦ませ、敵方太閤方に密告した為、捕われの身となり武士として大将として面目もなく恥かしい残念無念の最後を遂げねばならなかった。それでそのお怒りにふれて、一家の幸福が阻害されている。いくらお詫びを申してもどうしても頑として聞き入れられず、ついには、

「屋根にペンペン草を生やしてやる。」

とて、どこ迄も頑固に言い張って取りつく島もないので、その日は諦めて、翌日再びお祈りしてお詫びをしたが、どうしても前言を繰り返すばかりで少しも折れてくれず、仕方がないので、

「お供養に石の地蔵様をお祀りしますから。」

と申し上げると、

「そんな仇の手で地蔵様なんか祀っても有難くない。」

とて断る始末。

「仕方がないので私等の手でお祀りする事にして、漸く得心して貰いました。そのお地蔵様がこれです。」

と、岩淵の教会の前に立派な旅地蔵様のお姿であった。霊といっても、百姓や町人の、

「西向け、ハイ。」

というような人と、こんな武士の内でも大将格の霊とでは大した相違らしい。それもその筈、現世の人間仲間でも根性の確りした人、仁徳の高い人、権力を把握した人と、普通の凡人とでは、それぞれ魂の大きさに大いに相違があるだろう。そして、言われた通り娘さんに養子をとったが、満洲へ行って、屋根にペンペン草が生えたそうである。

二、医者に供養頼んだ因縁様

東京へ行かれてからの事である。詣って来た信者の内に、お医者さんで、開業しておられたが流行らない。患者が少ないので商売が立ち行かないので、見て貰いに来た。すると一人の因縁さ

んが出て、

「わしはあんた所の前の辻で空襲の時に亡くなった者じゃが、あんたには何の縁もない者であるが、わしは誰も祀ってくれる者もないので、すまんがわしを祀ってくれないか。するとあんたとこの流行るように骨を折ろう。」

と言われて、それではと前の辻に小さい地蔵様をお祀りした。それからはだんだん患者が殖えて、忙しく流行り出した。喜んでお礼詣りに来られたら、前の因縁様が出て、

「早速祀ってくれて有難う。厚く御礼を言う。その代り、わしは毎日一生懸命になって、向こうの医者の所へ行く患者を両手広げて八方して此方へ来るようにと運動を続けている。少しは効果があらわれてわしは嬉しい。」

と言ったそうである。

三、老婆と味噌包み

所は不明だが、七十歳を過ぎたおばあさんが行方不明で見て貰いに来た。お祈りをすると、お

ばあさんがスーッと出て嫁の不足を並べたてて、何やらもぐもぐ食べているので、

「おばあさん、何を食べてなさるね。」

と聞くと、恥ずかしそうに、

「好きなお味噌を食べているのや。」

と言ったそうで、

「おばあさん何処にいてなさる。」

と尋ねると、

「家から西南の方で小さい溝の中や。」

と言ったので、言った通りの所を探すと、丁度娘の婚家へ尋ねて行って娘にいろいろ言い聞かされて、味噌を少し竹の皮に包んで貰い持って帰る途中、よい道を通れば難もなかったのに、近道をして細い道を通っている内、あやまって狭い溝に落ち、老人の事とて起き上がる事ができず、そのままになったらしい。娘の家で貰った味噌の竹の皮包みも一緒に出てきたそうである。

四、高野山のすすめ断る

お代様が高野山へ行かれた時に、高野山のお坊さん達が、

「東京へ行かれるなれば、高野山の別院に落着きになったら。」

とおすすめしたが、

「それは有難いけれど、私等は一宗一派に捉われる事なく、独立して社会一般のお為になりたいと思う。」

と言われてお断りになったそうである。住居難に苦しむ時節に、喉から手の出るような話を一蹴されたのは、余程の自信というか、信念がなければ言えない言葉である。

五、御神言と末永家

六月十二、三日で、田植え前の忙しい時であった。お代様から手紙で知らせがあった。宮城県仙台近くの石巻市渡波町という所に末永正氏という人があって、末永という姓が珍らしいので、何処につながりがあるか調べてくれと頼まれて、お調べしたところが、護良親王が吉野山の蔵王堂で村上義輝の犠牲によって逃れられて、何れの道を通られたか奥州へ向かわれたらしい。その時、現在の石巻市に屈強の地を見付けられて、暫くは穏れ家としてお住みになったらしい。ところが此の土地も敵の嗅ぎつけるところとなり、安住の地でなくなった。そこで協議の結果、親王様の偽せのお墓を造り、墓守りを残してほんまに見せかけようという事で、お供の中の重鎮、伊達右京内蔵人行綱という忠臣が墓守りに残り、親王様御一行をお見送りする時に親王が別れを惜しんで、

「そちも末永く無事であれよ。」

と仰せられた。その時から伊達の姓を改めて、末永右京内蔵人行綱と名乗る事になった。兄の右

京は宮城の地に残る事になったが、弟の直衛が親王のお伴をして、あれから渡波の浦から船出して海路はるばる迂回して兵庫へ上陸されて、陸路逃避行を重ね続けて、摂津有馬郡高平村の河原という所に暫く隠棲されたらしい。滝がある所を一応調べて貰い度いと、お手紙での御依頼である。

時季が悪い。田植えを目の前にして寸暇も惜しまれる時季である。夕飯がすんでから、岸野君の所へ行って五万分の一の地図を見せて貰って相談した。最初に、そんな高平村の河原なんていう所が有るやろかというのが、岸野君と私の一致した意見であった。ところが地図を広げて吃驚した。やっぱり河原という所が厳然と有ったので、

「調べに行くなら、わしも一緒に行ってやるぞ。」

と言ってくれる。それから私は時間が遅かったが、外の人と違うのでと思って、持宝院へ押しかけて行った。時間が遅かったので皆様お休みの所であった。勿論法印様も寝ておられたが、起きて下さって手紙を見て下さった。そこで、私は地図を見た事を話してその調べ方をどうしたらよろしいでしょうと相談をした。すると法印様は、

「一寸待ちなはれよ。」

と言って、奥から真言宗の寺院と住職の名簿の載った小冊子を持ち出して来られて調べて下さっ

た。すると、高平村の河原という所に観福寺という真言寺がある事が分った。

「それでは、手紙で連絡してみて、可能なようでしたら私も一緒に行って上げましょう。」

と言って下さった。兎に角、

「田植えが済まねば仕方がない。」

と言って帰った。

田植えが済んでもいろいろと用があって延び延びになって、七月十六日に行く事にして、法印様に御都合を聞くと宜しいという事で、バスで出掛けた。有馬郡の三田から河原行が出ている。その頃はバスも木炭車で、急な坂はブーブー音を立てるだけでバスは走らない。客は降りて後押しをせねばならん。法印様にもバスの後押しをさせる始末、恐縮であったが、漸く高平村河原に到着、早速観福寺を訪ねた。すると観福寺の住職は農協にお勤めで、奥様が留守をしておられた。高平村というのは細長い村で、南北三里位ある村で、農協はその中程の所にある。その頃は電話の便もなく、只走って知らせるより方法がない。自転車を借して戴いて、私が一走りお迎えに赴いた。すると前に法印様から手紙が行っているから、早速ペタルを踏んでお帰りになった。そこで挨拶もそこそこに来意の要点にふれ、法印様同志で話をして下さるし、私は気楽でお伴をしているだけのようなものである。

暫く休んで調査に出た。その時、河原の新田（東に当たる）のような所で、昔の落人（おちうど）が潜むのには屈強の場所と見えた。というのは、北側は高い山で、細長い谷は肥沃な耕地である。滝のある所という事であったが、五、六町先にコンモリ茂った森らしいものが見えたが、それ迄に墓所なんかが見付かると、飛んで行って調べて見た。大雨でも降れば滝はいくらでもできるだろうと思って眺めた。土地の人に聞いて見ると、向こうに見える森には小さい滝があって、石の祠のようなものがあって、毎日、日参する人があるとかであった。その森迄は是非行って見る心算であったが、俄かの夕立で、篠つく雨でビショぬれで取るものも取り敢えず逃げて帰るより仕方がなかった。その夜、観福寺で泊めて戴いて御厄介になり、夜の更ける迄話して、私一人であれば少なくとも森迄は翌日でも行って来るのだが、法印様にその上の無理も言えず、といって、自分一人行動を取るというような失礼な事もできず、法印様のおっしゃった、

「村の人の言葉を信用して想像しましょう。」

という事で帰って来た。私は土蔵に内と同じ丸に「かたばみ」の紋を見ると、走って行って門標を調べて見たりして、細い事にも気を配っていたのだが、夕立が邪魔をした。お代様は、

「仙台の末永正様は兄の内蔵人行綱の御子孫で、弟の直衛様の御子孫が鳥居の末永さんのように思われる。そうでないと、あれだけ熱心に、源光大神を通じて護良親王の事にお尽くしはでき

ないと思います。」

とおっしゃった。

六、お代様の手術のこと

お代様は健康がすぐれない、病名は子宮筋腫という事である。腹ができたと喜んでいる内にだんだん進んで、手術には手遅れという事で、諦めねば仕方がない。しかし神様に仕える人じゃから、神様が御用がお有りの内はお召しにはならんでしょう、善きに付け悪しきに付け、神様の思召しにお任せしますと、淡々として神様に心身を任せ切っておられる様子である。私は生意気にもおこがましいと知りつつも、かって麗光院様から腫物のまじないを教わっているので、大阪の石切様へお願をかけて朝夕にまじないを続けたが、力の足らない私等の誠心位では腹の中の筋腫には何の効果もない。併し私はお代様と一緒に石切様へお詣りする事ができた。これが私の悪いくせだろう。腫物のまじないは百発百中で、弘法大師のお残しになった御利益を遺憾なく発揮できるので、体の内外の相違はあっても腫物に違いはないと思って、大それた事を考えたのは大きな失策であった。

お代様の体内では日々進歩するばかりである。若先生即ち本山博博士が心配して、ぜひ医者にかかって手術をうけるようにと切におすすめになる。それでは御神言をうかがってからと、気がすすまないがお伺いをされたところ、案に相違して、今すぐ入院して手術を受けよとの御神言であった。そして今度アメリカから帰朝する東大の先生（小林隆先生）、これこそ斯界の日本一の先生であるから、この方を信頼して身をお任せしよう、という事で、東大病院へ入院された。するとあのお忙しい若先生が夜も昼も付き切りで介抱に専念されたそうである。そのひたむきな姿が神々しく感じられたと、後になってお代様の述懐である。手術は順調に成功裡に済んだらしいが、入院手術後暫くはお代様は重体だったらしい。ひどい時は人事不省だったらしい。その時お代様の目の前へ金の縄がスルスルと下がって来たそうだ。苦しくて藁をもつかむ気持でいるところへ金の縄である。悦んですがり付こうとすると神様が大声で、

『それにさわってはいけません。』

と叱咤される。やむを得ず手を引込めた。その時渡りに舟と縄につかまって、やれやれと思ったら、その縄は再びスルスルと舞い上って天国へ通ずるそうである。

「神様がつかまってはいけませんと大声で叱って下さらなかったら、私は既に遠い世界の人に

なっていたでしょう。」

とは、お代様のお言葉である。位階によって縄が違うらしい。お代様は最高級で金の縄が下りて来たのだろう。白い縄もあるらしい。吾々であれば藁の細縄位が下がるのではなかろうか。私はまだそんな目に会うた事がないから分らんが、もし縄が下って来たら悦んで縋りつくだろうと思う。

七、余島先生のこと

余島先生は不思議な存在のように一応は思える。美人で、女の本職である裁縫なんかは充分熟練されているらしい。そしておとなしい方だから、こんな人が不幸であるのが不思議でならん。小豆島の生れらしい。土庄の向うに余島があって、この島に壇の浦の戦いに敗れた先祖が逃れて土着したのが余島家の始まりである。土庄の郵便局長さんの所へお嫁に行って、今の若先生、博さんを産んで幸福であるべき筈のところ、どうしても順調に行かず離婚のやむなき様になり、その後いろいろ御不幸があってお代様のところへ見て貰いに来られたらしい。そして神様のお声が

かりでお代様のお手伝いをなさるようになったらしい。その後暫くしてお代様の跡継をという事で神様にお伺いされたところ、

『行って話をすればくれるから貰いに行け。』

と言われて、早速話を進められた。すると神様のおっしゃる通り貰う話になり、博さんは本山博と名乗られて、実母の許で暮される事になったのである。そして哲学を学ばれいろいろ研究を重ねられ、お代様を中心に一生かけて霊媒を学問的に証明できるようにしたいと言っておられた。あの物凄い頭脳で、あの熱心な研究と普通人では想像も及ばぬ努力ですれば、その上神助を得られるので如何に至難な事でも成功疑いなしと信ずる。あの方と話していると、世の中の事は何でも知らんという事はなかろうと思う。専門外の事でも総てこころえておられる。

八、御神言と按摩のこつ

私もお代様方が社町へみえてからおそばでお祈りさせて貰ったり、何かと御用をしていたので信用して下さったのか、国元へ送金なさったりする時もお使いに行った。お代様方の過去の御苦

労話を聞かせて戴いたり、昼間大勢のお詣りの時、お疲れがひどく夜分内の者と一緒に肩を叩いたり、按摩もさせて貰った。その時大神様がお下りになって、

『そこはこのように揉むのだ。家内が疲れた時には、このようにしてやれば早く疲れがとれる。』

と、按摩のこつを教えて戴いた。それから間もなくお代様方は小豆島へ帰られ、三人で上京されたと聞いた。

因縁様に引廻された自分

若先生、本山博様が大学卒業後、静かな所で勉強がしたいと言われて、K寺のK院へ泊って本堂で勉強なさる事になって、K寺へ来られた事がある。その時藤原靖三さんが頼みに来られて、

「博さんの食糧即ち米を送って上げて貰いたい。」

と言われて、快くお受けして、私が持って行きますからとの事で、担いで持って行くので一遍には多くは重いので、先ず五升お願いするとの話で持って行って戴いた事がある。しかし、K寺も勉強には適当な場所ではなかった。その後、余島先生がK院へお礼に行き度いと言われて、私が自転車に乗せてO迄行って、裏坂をK院迄お送りした。そして本堂の方へ案内して上っていると、

「末永さん、末永さん。」

との声で、振返ると、K院の奥様が緊張した顔付きで
「D院のぼんが火傷して困っていられるから、末永さん早速行ってあげて下さい。」

と言われてD院へ行くと、若法印の長男で、まだハイハイの幼児が堀炬燵に今日初めて火を入れた所へ這い込んで火傷してと、おろおろしていられる。そこで真剣におまじないを三回言って、

「五日位まじないを続けねばと思います。」

と言うと、

「こんな山へ来て戴く訳にはいかんので、此方から下りて行きます、何処へでも。」

と言われるので、

「それでは社の持宝院迄来て貰ったら一番よろしいが。」

と言うと、

「それはできません。」

という事で、

「それではわたしが来て上げましょう。」

と言って帰った。翌日坂を登ってD院へ行って、

「今日は、今日は。」

と何回呼んでも返事がない。詮方なくK院へ行って尋ねると、奥様は気の毒そうに、

「まあお上り。」

と、私の為に善ざいを作って待っていて下さった。有難いと思って少しは気をよくして、甘い善ざいを戴いた。そこへD院の親坊主がやって来て、能弁に自分の自慢話を止る所を知らぬげに滔々と喋べりまくった。私はこの人の行状を聞いてよく知っていて、宗教家の風上にも置けぬ坊主と心にせせら笑っているとも知らず、得意気にあたりかまわずまくし立てている坊主こそ哀れに思って、気の毒な気がする。いくら自分が利口振っても裏の透いて見えるような行ないをしていると恥ずかしいものである。帰って来て持宝院へ寄ってこの話をした。そこへお代様が来られて、私が一部始終を話すと、

「そうですか。」

と言って、暫くするとN様という、元K寺のH院の住職をしておられて、D院の能弁家の親坊主にいびり出されて、やむを得ずKというところのT寺という小さい庵寺のような寺へ来られて、そこで亡くなられた方が出られて、

「わしが子供を突き落としたのじゃ。わしの顔を丸つぶれにしられているのでなア。」

と如何にも残念そうである。老僧や法印様がお聞きになって、

「さもあろう。N君は忘れる事のできぬ恩讐じゃろう。」

と話しておられた。すると、持宝院の御先祖かK院の御先祖か分らぬが、お出になって、

「末永には気の毒であったけど、仲に立って仲介の労を取って貰おうと思ったが駄目じゃった。無理な使いをさせて済まなんだ。」

とおっしゃった。結局自分であれやこれやと心を砕いて行動した心算じゃったが、みんな目に見えぬ因縁様に引き廻されて動いた事に気がついた。吾々は何事も思う通りにはいかん。ままにならぬは浮世の習いと言うけれど、心で思う事も目に見えぬ力によってかくも思わせられる事も有り得ると考えるようになった。

妹の縁談

私は涌羅野塾の第一期生として入塾した。義務教育だけで家の手伝いに専念していた私は、中等教育が受けたい、殊に英語のはしくれが知り度い、横文字が分らないという事は非常に時代に遅れてると思って、弟と一緒に入塾の手続きをした。昼は家業に従事して夜は塾で勉強にいそしんだ。その間に、大師堂の本尊の大師様が社駅迄お着きになった（名古屋の藤井さんという篤信家の寄贈）。高野の管長さんがお越しになって、詠歌踊りの方々や善男善女大勢で社駅へお迎えに行って、畷を引っぱって詠歌を流して持宝院迄の道を練りつつお迎えした。この時、私は庫裡の裏縁を通って、管長様始め皆様が拝んでおられる間に、管長様の部屋へ忍び込んで、結構なお茶菓子を少し失敬した事を覚えている。後になって持宝院で笑い話に大声で話した事がある。持宝院は自分の檀那寺であるから心安いのであたり前であるが、殊に親しくして戴くようになったのは涌羅野義塾へ二ヵ年間通った事で、此方から勝手に心安く思い込んでしまった事と、法印様のお母様が実に勝れた方であった。何でも知り尽くして行き届いた方で、何を相談しても快刀乱麻を断つと言うか、即答して下さるので頼りになる方であるから、大勢の人が力にして寄りついていた。私の母もその一人であった。私が母との話に、

「何でもよく知っていられる奥さんもいつかは死というものが巡って来る。その時は知識をみんな持って行ってしまわれる。惜しいものですなア。」

と話した。それを母が寺へ行った時にお話ししたらしい。すると度々遊びに寄越しなさいとの事で、私も暇を見て遊ばして貰いに行った。

その頃奥様は病気で足腰が立たず寝こんでおられた。私は奥様が少し足がお悪いので投げ出してお坐りになっていた頃、喜田村へ嫁いでいる妹の智恵子の縁談が、仲人の大村要君に奨められて今晩に返事をせねばならんという、切羽詰って誰かの意見を求め度い気持の時に訪問した。最初に法印様が出て来られたので、

「今日はお母さんにお会いしたい。」

と申し上げた。すると替ってお会い下さった。そして、

「わたしに用とは何の事ですか。」

と尋ねられた。そこで私は妹の縁談の事を話した。すると、

「弱った事になったなア。縁談というものは俄かに言われても困る。相性も調べにゃいかんし、今晩返事をせなならんとなると、……待ちなさいよ。」

と暫く瞑目していられたが、ややあって、

「よろしいこの話は縁があるから

父元太郎はこれで筆を置いています。まだまだ書きたい事は多くあったろうが、病の為書けなかったのだと思います。父の豊富な知識を置いて行って貰いたかったと残念でなりません。

末筆乍ら代筆しました。

末永栄映

高平村河原を訪ねて

深緑の好季となりましたが皆々様にはお健やかにお過しの由大変嬉しゅう存じます。

私方、お陰様で家内中元気で笑って毎日を過させて頂いて居ります。長々の御無沙汰お許し下さいませ。

お便りによりますと、父の「追憶」を御本にしてやろうとの事私達はもとより、亡き父も大変喜んで居る事でしょう。早速、持宝院の老僧と二人で有馬郡高平村河原（現在は三田市川原町）へ行き、以前（二十四、五年前）お世話になった観福寺 **写真1** を尋ねると、都合よく老僧がお出になり、色々と手短かに物語りをし、御同行願って、お墓捜しに出かけました。滝があって仏様がおまつりしてある処と聞きますと、観福寺より一里程奥に「方広寺」**写真2** と云う寺があり、その上の山との事、車で方広寺まで行き、道をたづねて、山に入ると岩がごろ〱した山道を二人の老僧のお供をして、お二人の足元に気を付けながら、ずい分登りましたがそれらしい物は見当りません、お二人が気のどくになり休んで頂いて、私一人走って行きますと、仏像があり、又しばらくして、木蔭にお墓らしい物が見えましたので、お二人を迎えにもどり、三人で又登って行きました。仏像は「滝見観音」**写真3** で、高い岩場に安置してあり、お詣りする人があると見え、お花も新しくてお供物もしてありました、滝は細い谷川で、**写真4** 岩ばか

1

2

りの中を清水が流れ、川全体を滝と見なしてもよい様な所です、それより五、六分登るとお墓がありましたがこれは方広寺のお墓でした **写真5**。随分古いらしいものも御座居ましたが、二代目住職の立派なものがあり、天和三年およそ三百年前のものです。

護良親王のゆかりの地であり、私達の先祖のたてた所との事ですが、何しろ六百年も昔のことだし、しかもお忍びの身とて、おそらく、後世に残る様なものは無いであろうとて帰路につきました。あまり良い物は無いのですが写真を同封致しましたのでお役に立てば幸いです。父も元気な時なれば、もっとくわしく書き残したであろうにと思います。

梅雨時に向から折柄充分御自愛下さいませ

末永栄映

六月吉日

お代様

3

4

5

玉光神社　御案内図

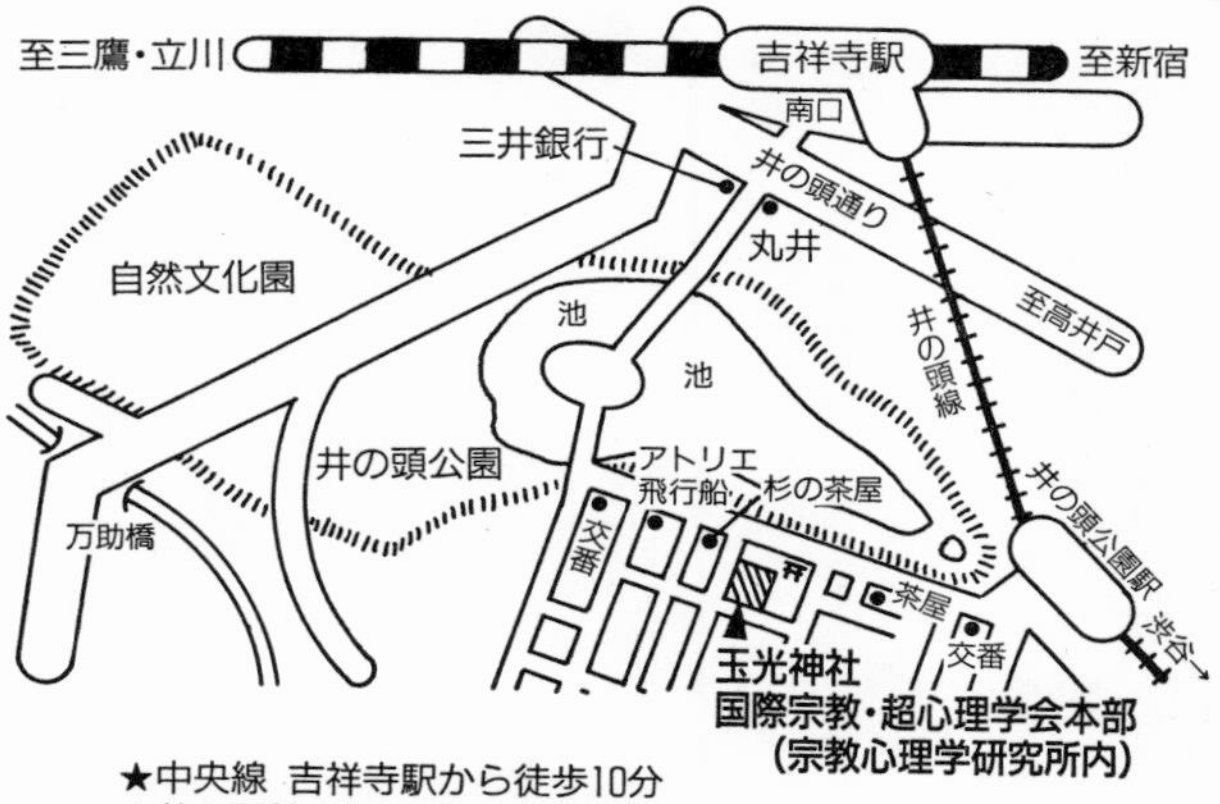

★中央線　吉祥寺駅から徒歩10分
★井の頭線　井の頭公園駅から徒歩５分

落丁・乱丁の節はお取り替えいたします

奇蹟に満ちた教祖若き日の聖業 ©

昭和四十八年八月八日第一刷
平成五年四月二十五日第二刷

本山キヌエ
末永元太郎　著
本山　博　編集

発行所　宗教心理学出版
東京都三鷹市井の頭四の十一の七
電話〇四二二(四八)三五三五(代)
振替　東京　四―八〇〇四七

印刷所　一ッ橋印刷株式会社
東京都品川区上大崎三の十二の十五

――玉光神社教祖二十年祭記念版――

本山博著作集「宗教心理出版」

- 超感覚的なものとその世界　宗教経験の世界・ユネスコ優良推薦図書　A5判 246頁
- 宗教と超心理　B6判 158頁
- Psiと気の関係　宗教と科学の統一　B6判 146頁
- 東洋医学　気の流れの測定・診断と治療　B5判 308頁
- 経絡-臓器機能測定について　B5判 156頁
- AMIによる神経と経絡の研究　B6判 144頁
- ヨーガの東西医学による研究　B6判 118頁
- 宗教の進化と科学　世界宗教への道　A5判 196頁
- 地球社会における生き方と宗教　人類に幸せと霊的成長をもたらすもの　A5判 290頁
- 啓示された人類のゆくえ　予言はいかに実現されたか　B6判 312頁
- カルマと再生　生と死の謎を解く　B6判 262頁
- 輪廻転生の秘密　再生・カルマとそれを超える道　B6判 210頁
- 霊的成長と悟り　カルマを成就し解脱にいたる道　B6判 240頁
- チャクラの覚醒と解脱　A5判 368頁
- 密教ヨーガ　タントラヨーガの本質と秘法　A5判 238頁
- チャクラ・異次元への接点　A5判 190頁
- 超意識への飛躍　瞑想・三昧に入ると何が生ずるか　B6判 190頁
- ヨガと超心理　ヨガ・超心理・鍼灸医学　B6判 170頁

◇「名著刊行会」◇

- 呪術・オカルト・隠された神秘　四六判 214頁
- 坐禅・瞑想・道敬の神秘　四六判 250頁
- 宗教と医学　四六判 266頁